BESTACTIVITYBOOKS.COM

PRIMEIRA EDIÇÃO - 2022

Ilustración gráfica adicional: www.freepik.com
Graças a Alekksall, Starline, Pch.vector, Rawpixel.com, Vectorpocket, Dgim-studio, Upklyak, Macrovector, Stockgiu, Pikisuperstar & Freepik.com Designers

5 DICAS PARA COMEÇAR

1) CÓMO RESOLVER LAS SOPA DE LETRAS

Os puzzles têm um formato clássico:

- As palavras estão escondidas sem espaços ou hífenes,...
- Orientação: As palavras podem ser escritas para a frente, para trás, para cima, para baixo ou na diagonal (podem ser invertidas).
- As palavras podem sobrepor-se ou intersectar-se.

2) APRENDIZAGEM ACTIVA

Ao lado de cada palavra há um espaço para anotar a tradução. Para encorajar a aprendizagem activa, um **DICIONÁRIO** no final desta edição permitir-lhe-á verificar e expandir os seus conhecimentos. Procure e anote as traduções, encontre-as no puzzle e adicione-as ao seu vocabulário!

3) MARCAR AS PALAVRAS

Pode inventar o seu próprio sistema de marcação - talvez já use um? Pode também, por exemplo, marcar palavras difíceis de encontrar com uma cruz, palavras favoritas com uma estrela, palavras novas com um triângulo, palavras raras com um diamante, e assim por diante.

4) ESTRUTURANDO A APRENDIZAGEM

Esta edição oferece um **CADERNO DE NOTAS** prático no final do livro. Nas férias, em viagem ou em casa, pode facilmente organizar os seus novos conhecimentos sem a necessidade de um segundo caderno!

5) JÁ TERMINOU TODAS AS GRELHAS?

Nas últimas páginas deste livro, na secção **DESAFIO FINAL**, encontrará um jogo gratuito!

Rápido e fácil! Consulte a nossa colecção de livros de actividades para o seu próximo momento de diversão e **aprendizagem**, a apenas um clique de distância!

Encontre o seu próximo desafio em:

BestActivityBooks.com/MeuProximoLivro

Aos vossos lugares, preparem-se...Vão!

Sabia que existem cerca de 7.000 línguas diferentes no mundo? As palavras são preciosas.

Adoramos línguas e temos trabalhado arduamente para criar livros da mais alta qualidade para si. Os nossos ingredientes?

Uma selecção de tópicos adequados à aprendizagem, três boas porções de entretenimento, e depois acrescentamos uma colherada de palavras difíceis e uma pitada de palavras raras. Servimo-los com amor e máximo divertimento, para que possa resolver os melhores jogos de palavras e se divirta a aprender!

A sua opinião é essencial. Pode participar activamente no sucesso deste livro, deixando-nos um comentário. Gostaríamos de saber o que mais lhe agradou nesta edição.

Aqui está um link rápido para a sua página de encomendas:

BestBooksActivity.com/Avaliacoes50

Obrigado pela vossa ajuda e divirtam-se!

A Equipa Inteira

1 - Dirigindo

ブ	安	全	性	活	真	猟	エ	ャ	活	法	真	魔	イ
陶	レ	ジ	プ	品	法	真	シ	り	影	物	ク	り	画
影	喜	ー	タ	ー	モ	レ	エ	絵	喜	ラ	プ	リ	活
注	意	レ	キ	狩	影	キ	ズ	喜	陶	味	動	画	レ
撮	ク	ガ	絵	事	故	画	ゲ	ゲ	撮	絵	ン	画	り
み	グ	ゲ	ク	画	ジ	読	ー	ル	喜	編	味	プ	絵
狩	ク	ジ	ル	警	察	猟	芸	グ	み	ガ	歩	行	者
釣	ッ	ト	ン	ネ	ル	燃	料	真	リ	喜	ス	陶	書
ス	ラ	ル	ム	動	り	活	シ	真	書	編	真	オ	読
ン	ト	プ	み	魔	画	パ	び	シ	興	み	活	ー	読
セ	写	リ	ル	車	ダ	ラ	狩	撮	釣	み	ハ	ト	エ
イ	地	図	ー	物	写	動	ク	パ	味	味	道	バ	グ
ラ	ハ	危	険	ト	影	交	通	書	読	ゼ	ム	イ	魔
法	ズ	狩	書	写	ゲ	レ	読	ク	法	芸	ャ	ャ	び

事故
トラック
燃料
注意
ブレーキ
ガレージ
ガス
ライセンス
地図
オートバイ
モーター
歩行者
危険
警察
ストリート
安全性
交通
トンネル

2 - Antiguidades

味	ゼ	ゼ	芸	珍	物	ダ	り	芸	真	エ	魔	猟	読
画	興	ダ	陶	喜	し	ム	リ	競	売	レ	釣	び	ゼ
ダ	イ	具	品	装	シ	い	味	ギ	投	ガ	ズ	影	レ
愛	好	家	書	飾	活	古	狩	ャ	資	ン	イ	コ	喜
真	影	魔	ク	ゲ	プ	絵	パ	ラ	書	ト	狩	喜	ズ
び	書	ハ	芸	オ	ム	ア	読	リ	品	ダ	ク	味	喜
レ	ラ	ゲ	真	ス	ー	狩	イ	ー	園	彫	刻	品	芸
写	猟	猟	読	タ	影	セ	狩	テ	編	び	キ	質	び
魔	ゼ	ン	影	イ	魔	ー	ン	狩	ム	レ	狩	ジ	値
ダ	動	び	シ	ル	パ	ダ	ゼ	テ	キ	動	活	園	ダ
狩	撮	真	ー	ハ	書	芸	ク	法	ィ	物	ズ	園	世
レ	ア	ー	ト	ゼ	ハ	動	ラ	復	魔	ッ	ル	芸	紀
活	価	影	ラ	画	絵	ダ	キ	元	み	猟	ク	興	喜
動	格	狩	ハ	み	ム	動	り	ラ	編	狩	興	ク	絵

アート
オーセンティック
装飾
エレガント
愛好家
彫刻
スタイル
ギャラリー
珍しい
投資
アイテム
競売
家具
コイン
価格
品質
復元
世紀
古い

3 - Churrascos

ル	ル	り	ラ	真	魔	狩	狩	シ	ハ	サ	ラ	ダ	狩
コ	ナ	イ	フ	ン	狩	撮	ャ	ダ	魔	味	ム	リ	法
シ	塩	グ	ダ	ム	チ	ズ	レ	ズ	キ	リ	ゼ	グ	ル
ョ	ソ	ゲ	ー	ム	ジ	動	喜	招	待	チ	ホ	物	画
ウ	ー	グ	イ	編	ハ	喜	陶	り	狩	キ	ッ	絵	工
味	ス	ハ	物	ズ	読	ゲ	物	グ	撮	ン	ト	釣	編
動	写	ル	物	編	猟	ゼ	み	パ	ハ	ラ	味	編	ム
ャ	パ	み	ル	家	プ	リ	書	エ	フ	イ	飢	ム	絵
ト	マ	ト	ム	族	陶	ム	野	み	ル	動	喜	餓	子
キ	り	芸	シ	写	グ	リ	ル	菜	ー	法	パ	グ	供
画	り	書	パ	喜	夕	食	み	読	ツ	動	興	パ	達
味	動	ハ	魔	ー	ジ	音	ズ	り	編	書	芸	ゲ	法
ゼ	喜	ジ	書	ダ	園	楽	陶	ム	工	写	ジ	狩	法
活	ー	魔	び	喜	ー	法	編	キ	活	園	狩	夏	ラ

ランチ
招待
子供達
ナイフ
家族
飢餓
チキン
フルーツ
グリル
夕食
ゲーム
野菜
ソース
音楽
コショウ
ホット
サラダ
トマト

4 - Geologia

読	動	法	イ	ャ	パ	法	び	興	興	ク	ラ	ゲ	読
工	動	猟	興	シ	グ	芸	ラ	び	活	ジ	品	影	キ
釣	狩	ャ	ル	編	写	石	読	書	結	塩	真	興	キ
ジ	ン	ー	ハ	ゲ	キ	魔	化	ダ	晶	リ	狩	ゼ	シ
影	ハ	写	イ	ラ	シ	魔	層	び	読	キ	ジ	み	キ
イ	ン	イ	ジ	ゼ	釣	り	ゼ	イ	魔	芸	溶	パ	物
興	ク	ゼ	ク	ミ	ネ	ラ	ル	コ	パ	ジ	岩	り	品
り	興	パ	り	ラ	画	ン	絵	ー	石	工	侵	食	み
味	喜	ー	書	大	陸	ラ	品	ラ	ジ	英	ラ	工	画
グ	ー	影	み	レ	園	撮	絵	ル	鍾	パ	書	シ	ゼ
シ	ズ	プ	ジ	ジ	ゲ	洞	窟	酸	乳	キ	レ	ダ	ゲ
シ	ャ	絵	動	カ	ル	シ	ウ	ム	石	ダ	レ	火	活
喜	ム	石	読	狩	ジ	ラ	ク	真	り	写	高	山	物
リ	イ	筍	ズ	釣	ゲ	味	物	ゾ	ー	ン	原	地	震

洞窟
カルシウム
大陸
コーラル
結晶
侵食
鍾乳石
石筍

化石
溶岩
ミネラル
高原
石英
地震
火山
ゾーン

5 - Ética

個	シ	園	品	プ	親	画	シ	人	尊	プ	値	興	思
人	ゼ	ー	書	動	読	切	魔	類	厳	園	ー	品	い
主	外	交	シ	ク	品	合	忍	撮	グ	書	活	ハ	や
義	芸	絵	り	レ	的	理	合	耐	法	ク	リ	ゼ	り
主	ハ	ダ	ン	エ	陶	性	合	整	編	グ	知	恵	狩
他	写	画	興	び	芸	読	ゲ	動	プ	ゲ	グ	読	ズ
利	び	ゼ	興	品	協	力	真	み	レ	び	読	ー	ム
ク	キ	味	ハ	釣	芸	キ	真	真	影	キ	レ	狩	品
グ	釣	ー	釣	興	ー	写	キ	正	リ	陶	楽	観	レ
ダ	魔	ク	イ	ゼ	絵	魔	び	直	ー	ア	プ	ズ	ン
ハ	リ	影	ラ	釣	み	エ	ャ	撮	イ	キ	リ	ゼ	興
グ	シ	み	イ	活	法	リ	書	書	エ	法	エ	ズ	法
撮	キ	陶	シ	シ	ゲ	ム	芸	哲	学	読	ハ	味	ム
編	キ	エ	読	ャ	パ	び	レ	ク	リ	真	イ	ン	ハ

利他主義
親切
思いやり
協力
尊厳
外交
哲学
正直
人類

個人主義
整合性
楽観
忍耐
合理性
合理的
リアリズム
知恵

6 - Tempo

計	時	ル	ム	釣	ン	物	キ	世	紀	読	喜	ゲ	動
物	ハ	間	画	編	ー	ー	ハ	猟	ハ	イ	興	ジ	狩
活	キ	レ	撮	り	写	瞬	り	ム	プ	プ	ラ	プ	ラ
猟	び	園	ジ	分	朝	読	レ	り	リ	キ	カ	園	ゼ
園	み	ズ	レ	シ	未	来	ム	芸	み	ル	レ	イ	ム
シ	味	パ	撮	品	味	ラ	書	日	猟	狩	ン	レ	昼
物	夜	読	レ	ャ	喜	編	前	昨	今	書	ダ	ゲ	編
ク	画	ジ	ム	影	ル	真	陶	影	ラ	ハ	ー	シ	み
プ	レ	ル	影	陶	ハ	び	ク	陶	リ	十	み	喜	ク
ラ	活	芸	物	法	法	物	読	園	物	年	書	猟	ク
ゲ	喜	パ	芸	味	動	ー	動	喜	ゼ	通	品	活	月
週	園	編	味	物	パ	撮	キ	レ	び	書	写	ゼ	品
ゲ	影	画	法	真	動	ク	り	エ	ャ	動	陶	ゼ	イ
編	狩	リ	エ	動	ク	み	グ	陶	キ	ゲ	物	び	ズ

通年
カレンダー
十年
未来
今日
時間
一瞬
昨日
時計
世紀

7 - Astronomia

地	ラ	ロ	シ	画	パ	ャ	イ	放	天	猟	ゼ	天	グ
写	球	ケ	ダ	興	超	新	星	射	星	文	釣	文	宇
銀	興	ッ	ズ	ル	ャ	ク	惑	線	座	活	学	台	宙
河	猟	ト	シ	ー	動	園	レ	絵	ラ	ラ	グ	者	活
び	書	ハ	絵	ハ	ゲ	イ	陶	プ	読	レ	宇	撮	ャ
ラ	魔	芸	法	編	ャ	グ	法	品	流	小	宙	ジ	絵
キ	ジ	月	品	ゲ	シ	イ	興	編	星	惑	飛	真	グ
読	ゲ	ャ	ジ	ャ	み	狩	リ	ル	陶	星	行	ル	味
釣	ン	影	イ	空	活	イ	読	活	ム	魔	士	ゲ	撮
魔	び	陶	プ	書	写	ハ	ャ	活	び	ャ	ゲ	ン	動
食	狩	み	び	写	ー	興	喜	み	ー	プ	み	び	ハ
キ	法	真	星	雲	読	グ	ゼ	ゲ	ゼ	釣	ハ	ー	動
芸	真	喜	味	重	力	猟	動	猟	ー	ク	太	ク	ム
ダ	絵	釣	パ	ク	ャ	興	春	分	動	物	ン	陽	り

小惑星
宇宙飛行士
天文学者
星座
春分
ロケット
銀河
重力
流星
星雲
天文台
惑星
放射線
太陽
超新星
地球
宇宙

8 - Circo

ン	動	味	ジ	ハ	撮	ム	園	コ	シ	ハ	撮	み	リ
猟	陶	プ	ル	チ	ケ	ッ	ト	ス	魔	シ	キ	イ	釣
写	グ	絵	活	ズ	シ	ジ	ッ	チ	り	動	物	読	ゲ
グ	ダ	ダ	真	陶	写	ー	バ	ュ	み	読	真	ゼ	園
陶	象	園	虎	ピ	エ	ロ	ロ	ー	ラ	グ	ャ	ジ	動
絵	写	ン	猟	書	イ	ズ	ク	ム	ゼ	び	ゲ	グ	ラ
園	読	プ	喜	ラ	編	狩	ア	釣	真	グ	イ	ク	芸
音	釣	写	芸	画	釣	ー	プ	魔	壮	観	な	釣	ク
品	楽	み	味	パ	ゼ	読	イ	ダ	法	ハ	ハ	読	撮
風	船	ラ	絵	喜	ラ	キ	ル	写	ン	ゲ	イ	釣	陶
り	魔	真	画	ゲ	ラ	イ	オ	ン	み	ゼ	テ	陶	画
ハ	画	物	釣	プ	編	み	ル	味	ズ	活	ン	観	猿
ト	リ	ッ	ク	ャ	イ	ー	動	園	真	ダ	ト	猟	客
イ	エ	パ	レ	ー	ド	絵	喜	グ	園	み	園	工	真

アクロバット
動物
風船
チケット
パレード
観客
壮観な
ライオン
魔法
ジャグラー
音楽
ピエロ
テント
コスチューム
トリック

9 - Acampamento

コ	ン	パ	ス	狩	猟	カ	ロ	ゼ	活	猟	ラ	イ	物
ゲ	喜	ビ	ム	火	画	ヌ	ー	味	ラ	ト	ン	テ	読
自	然	味	ャ	興	ャ	ー	プ	ャ	ズ	釣	タ	物	シ
帽	狩	月	狩	キ	影	撮	読	湖	絵	編	ン	法	園
園	子	冒	険	真	木	リ	ゼ	ル	ラ	ゼ	画	ク	プ
読	味	活	ム	ー	ャ	り	レ	真	ー	芸	撮	影	絵
ジ	シ	み	シ	真	編	読	喜	陶	ゼ	り	喜	動	書
魔	編	ャ	ハ	ル	エ	画	真	イ	ン	狩	絵	レ	ン
喜	ゲ	ダ	法	ラ	釣	園	法	ハ	影	ク	猟	ダ	ン
ム	動	キ	物	動	園	ラ	ダ	グ	影	ル	動	物	レ
昆	虫	ク	読	び	猟	喜	キ	リ	び	森	活	パ	影
地	図	ハ	ン	モ	ッ	ク	法	パ	撮	み	ク	プ	ゲ
イ	ハ	ク	レ	ム	ハ	動	読	法	ダ	陶	レ	キ	猟
山	影	ム	り	味	パ	ラ	ク	書	編	ハ	ン	み	グ

動物
冒険
コンパス
キャビン
狩猟
カヌー
帽子
ロープ
昆虫
ランタン
ハンモック
地図
自然
テント

10 - Ficção Científica

ア	喜	り	ー	味	デ	書	魔	魔	法	釣	ク	ャ	エ
ピ	ト	ッ	ボ	ロ	虚	ィ	イ	リ	ュ	ー	ジ	ョ	ン
ト	み	ミ	ル	ハ	数	ー	ス	芸	猟	ダ	ダ	ゼ	ゼ
ー	爆	素	ッ	ル	品	陶	ャ	ト	狩	ハ	リ	プ	ャ
ユ	発	晴	絵	ク	絵	園	ゲ	り	ピ	興	影	絵	惑
釣	ル	ら	撮	ラ	品	狩	活	魔	品	ア	エ	喜	星
ク	写	し	味	オ	ル	ン	技	キ	ラ	び	プ	品	狩
興	銀	い	神	秘	的	な	術	ダ	写	編	品	り	ハ
世	河	び	シ	レ	来	リ	レ	味	エ	ム	猟	び	み
品	界	味	読	グ	未	ジ	ラ	イ	レ	び	物	ー	ム
味	ム	物	シ	喜	法	キ	絵	グ	写	シ	シ	ネ	マ
ハ	ラ	書	籍	ダ	キ	陶	活	画	真	ジ	陶	グ	リ
画	物	ダ	ジ	撮	プ	火	魔	味	ズ	遠	猟	ル	ン
現	実	的	物	活	グ	ハ	真	ハ	芸	い	り	興	釣

アトミック
シネマ
遠い
ディストピア
爆発
素晴らしい
未来的
銀河
イリュージョン
虚数
書籍
神秘的な
世界
オラクル
惑星
現実的
ロボット
技術
ユートピア

11 - Mitologia

ゼ	編	撮	不	死	プ	プ	画	影	ー	魔	活	ク	ヒ
び	ム	魔	物	ー	リ	動	魔	物	ャ	活	ラ	動	ロ
強	さ	グ	影	ゼ	ゲ	み	モ	法	喜	真	法	エ	イ
釣	キ	ン	撮	絵	物	芸	作	ン	狩	ハ	ラ	ン	ン
モ	ー	タ	ル	興	エ	原	成	び	ス	文	化	復	讐
ハ	ル	雷	生	狩	ン	型	ダ	撮	ー	タ	ゼ	伝	物
写	ズ	ー	画	き	狩	び	ゼ	ダ	シ	エ	ー	説	エ
ー	味	シ	品	ム	物	キ	ハ	法	ジ	活	ロ	ラ	喜
レ	品	リ	画	ダ	写	編	読	パ	釣	味	ー	園	戦
ラ	ビ	リ	ン	ス	読	ー	ル	真	魔	イ	ヒ	真	士
ズ	り	活	猟	読	魔	シ	真	芸	ム	写	園	災	物
影	ャ	撮	味	味	陶	影	編	真	釣	ー	ャ	害	活
ル	行	稲	り	動	エ	画	活	品	魔	法	の	嫉	妬
釣	動	プ	妻	興	レ	真	動	ャ	ク	ク	園	み	陶

原型
嫉妬
行動
作成
生き物
文化
災害
強さ
戦士
ヒロイン
ヒーロー
不死
ラビリンス
伝説
魔法の
モンスター
モータル
稲妻
復讐

12 - Medições

ジ	レ	興	ル	メ	興	活	バ	深	さ	リ	ダ	ダ	読
喜	味	み	み	パ	ー	ゲ	イ	編	高	ッ	シ	物	プ
狩	読	芸	ズ	影	陶	タ	ト	ゲ	度	ト	ハ	イ	画
工	画	編	猟	質	喜	ク	ー	グ	影	ル	ダ	小	釣
動	ズ	影	長	量	ラ	ャ	み	絵	撮	ト	分	数	書
ズ	ダ	イ	さ	芸	レ	チ	狩	猟	猟	ー	撮	真	真
芸	ジ	び	重	幅	編	オ	ン	ス	真	メ	プ	ク	ン
影	ル	キ	撮	動	り	ャ	ト	イ	レ	ロ	陶	品	影
ダ	興	レ	グ	味	物	興	撮	編	リ	キ	活	ゲ	編
編	動	興	ラ	陶	狩	キ	シ	シ	ク	物	物	ク	キ
喜	猟	園	ム	ラ	グ	ロ	キ	ズ	編	ル	ー	グ	ク
編	グ	セ	ン	チ	メ	ー	ト	ル	物	プ	シ	キ	ク
レ	キ	ン	猟	ム	み	真	物	エ	ボ	リ	ュ	ー	ム
魔	編	読	ク	び	法	書	ジ	猟	影	動	園	絵	ハ

高さ
バイト
センチメートル
長さ
小数
グラム
リットル
質量
メーター

オンス
重さ
インチ
深さ
キログラム
キロメートル
トン
ボリューム

13 - Álgebra

興	法	び	解	び	エ	ダ	り	動	魔	減	算	動	動
法	活	マ	書	決	興	陶	芸	味	ー	画	写	プ	り
狩	ダ	ト	猟	グ	品	ム	番	ハ	ル	魔	興	ク	グ
猟	動	リ	画	エ	ゲ	単	号	味	動	読	ゼ	ロ	り
ズ	ル	ッ	パ	イ	写	純	シ	喜	み	猟	変	数	み
撮	ム	ク	ー	分	数	化	ム	ジ	真	ラ	括	指	プ
絵	ダ	ス	エ	イ	芸	図	キ	法	活	プ	猟	弧	ゲ
活	品	画	ダ	ゼ	ジ	ム	魔	パ	興	陶	魔	ー	芸
方	程	式	ラ	シ	読	プ	絵	ン	猟	ム	ハ	ム	絵
陶	イ	写	喜	無	量	影	画	陶	ゲ	ダ	狩	ム	キ
芸	ー	影	グ	限	式	和	ン	陶	魔	み	レ	パ	釣
ダ	偽	パ	撮	読	狩	園	ズ	絵	喜	ゲ	み	ル	品
線	形	法	ズ	キ	喜	ゼ	因	子	ゲ	プ	写	レ	エ
撮	喜	問	題	書	ズ	園	シ	影	パ	ン	ゲ	芸	興

方程式
指数
因子
分数
無限
線形
マトリックス
番号
括弧
問題
単純化
解決
減算
変数
ゼロ

14 - Plantas

品	び	ハ	ラ	生	植	物	学	書	リ	苔	芸	イ	興
写	サ	ブ	ー	品	ク	肥	喜	ラ	編	プ	キ	狩	ン
興	ボ	ッ	ロ	ブ	ク	料	影	ゼ	編	動	グ	ゲ	興
リ	テ	シ	フ	花	弁	エ	味	り	動	ジ	ジ	味	書
豆	ン	ュ	ル	レ	味	び	法	レ	芸	プ	花	魔	ン
ゲ	編	写	物	ベ	リ	ー	動	ズ	真	園	キ	書	絵
喜	絵	魔	画	味	ゲ	品	書	リ	品	ー	活	ダ	エ
ズ	ジ	絵	ー	エ	パ	イ	イ	芸	活	ク	ダ	ジ	興
猟	ゲ	ダ	物	竹	ジ	グ	ン	書	読	陶	根	陶	釣
ク	ダ	画	読	ク	味	味	園	エ	グ	キ	キ	読	ャ
グ	園	蔦	編	魔	写	り	写	写	猟	ジ	ゼ	影	イ
ラ	ン	リ	真	み	品	読	ル	品	草	真	グ	動	興
写	シ	ゲ	品	釣	芸	画	編	活	真	ハ	グ	狩	ズ
レ	葉	グ	影	ャ	書	森	木	庭	ダ	ン	物	り	シ

ブッシュ
ベリー
植物学
サボテン
ハーブ
肥料
フローラ
花弁
植生

15 - Veículos

タ	潜	ャ	プ	ロ	真	ャ	み	編	園	味	ダ	絵	読
イ	水	ル	ゼ	ケ	画	ジ	影	喜	リ	魔	ー	活	ル
ヤ	艦	み	動	ッ	ー	芸	グ	ム	エ	編	写	品	ジ
タ	ク	シ	ー	ト	猟	釣	ト	ラ	ッ	ク	芸	び	活
ダ	ル	車	リ	タ	ゼ	ー	読	狩	リ	味	ハ	動	影
キ	ト	転	ェ	グ	ー	タ	プ	コ	リ	ヘ	ジ	品	レ
魔	ャ	自	フ	グ	パ	ク	び	ダ	物	写	撮	ハ	グ
活	シ	ラ	ゲ	写	ラ	ラ	ス	写	い	か	だ	釣	み
地	下	鉄	バ	ハ	猟	ト	ク	影	写	飛	行	機	法
狩	物	ラ	キ	ン	魔	り	園	ゼ	影	ク	ラ	ン	リ
影	絵	キ	バ	レ	ン	グ	パ	真	読	プ	ダ	物	写
撮	シ	ル	ス	芸	シ	び	書	魔	ハ	シ	釣	編	ャ
狩	活	グ	グ	ー	影	救	急	車	ズ	影	編	読	ー
モ	ー	タ	ー	ボ	ー	ト	読	ル	編	読	書	物	猟

救急車
飛行機
フェリー
ボート
自転車
トラック
キャラバン
ロケット
ヘリコプター
いかだ
スクーター
地下鉄
モーター
バス
タイヤ
潜水艦
タクシー
シャトル
トラクター

16 - Engenharia

ム	キ	レ	動	釣	レ	品	ン	書	リ	園	パ	り	釣
活	角	ゼ	ジ	狩	ハ	芸	ゲ	真	エ	法	液	体	釣
ジ	ゲ	度	寸	構	深	さ	グ	釣	陶	直	猟	シ	撮
び	味	グ	法	造	狩	び	パ	動	ジ	径	り	ダ	陶
撮	ン	ダ	写	ム	図	ク	動	ダ	グ	園	品	法	読
リ	撮	画	グ	デ	リ	パ	影	猟	芸	ン	強	興	喜
分	布	撮	物	測	ィ	摩	擦	喜	魔	ム	さ	み	動
味	動	読	エ	園	定	ー	ジ	推	進	書	ゲ	プ	グ
軸	建	ゼ	園	ジ	ル	ギ	ゼ	園	味	ャ	芸	影	絵
猟	設	猟	絵	機	ジ	ル	活	ル	真	リ	ジ	イ	シ
ジ	読	パ	エ	械	陶	ネ	ル	キ	レ	り	法	動	編
安	絵	ダ	エ	写	ル	エ	書	園	キ	真	猟	レ	ル
定	物	動	ム	釣	芸	絵	画	り	読	ル	絵	ン	み
性	計	算	狩	モ	ー	タ	ー	真	味	狩	興	ル	陶

摩擦
角度
計算
建設
直径
ディーゼル
寸法
分布
エネルギー

安定性
構造
強さ
液体
機械
測定
モーター
深さ
推進

17 - Restaurante # 2

読	ダ	ハ	椅	サ	ラ	ダ	ウ	ェ	イ	タ	ー	ス	魔
ラ	ン	チ	絵	子	絵	活	動	影	ダ	写	ゼ	プ	リ
シ	書	園	編	水	画	魔	び	動	編	ャ	み	ー	活
猟	プ	ク	シ	飲	ダ	り	ダ	書	ー	喜	魔	ン	ム
ャ	活	編	読	料	プ	絵	法	ダ	書	釣	シ	編	読
釣	芸	フ	ス	パ	イ	ス	麺	ル	写	興	ム	陶	ル
ジ	ダ	ル	物	キ	喜	物	ス	ー	プ	書	味	ン	レ
猟	り	ー	動	狩	絵	プ	書	リ	ル	イ	ゲ	プ	品
タ	ル	ツ	狩	ー	リ	芸	ー	ダ	ズ	イ	興	興	猟
び	食	ラ	パ	ケ	フ	ォ	ー	ク	ゲ	塩	ン	撮	真
び	画	影	シ	ー	ル	パ	興	影	喜	美	味	し	い
物	前	味	写	キ	物	味	活	画	ジ	狩	魔	影	芸
ル	菜	魚	撮	動	パ	み	ゼ	ル	芸	ャ	ジ	影	氷
画	野	レ	ゲ	味	ン	品	興	プ	絵	レ	狩	り	リ

ランチ
前菜
飲料
ケーキ
椅子
スプーン
美味しい
スパイス
フルーツ
ウェイター
フォーク
夕食
野菜
サラダ
スープ

18 - Países #2

パ	キ	ス	タ	ン	ラ	園	キ	ウ	イ	ラ	ジ	ラ	ハ
ク	ー	マ	ン	デ	オ	グ	影	ク	ン	ウ	ガ	ン	ダ
物	影	味	興	ラ	ス	日	本	ラ	ド	編	ゼ	み	び
画	プ	ル	ロ	ゼ	フ	編	ダ	イ	ネ	シ	絵	釣	ゲ
ル	り	影	ギ	シ	ャ	パ	真	ナ	シ	び	ク	キ	絵
り	ム	り	リ	ハ	ア	リ	マ	ソ	ア	ャ	ハ	ハ	グ
ネ	ー	グ	シ	園	リ	陶	イ	絵	リ	喜	ズ	イ	ズ
パ	ア	ズ	ャ	ン	ェ	ル	エ	び	シ	釣	ゲ	魔	チ
ー	イ	み	ラ	活	ジ	ア	ル	バ	ニ	ア	味	ラ	影
ル	ル	画	み	リ	イ	読	編	ゲ	パ	興	リ	プ	ク
読	ラ	ハ	書	品	ナ	狩	法	ゼ	ダ	ク	ル	写	プ
読	ン	レ	バ	ノ	ン	ズ	活	動	絵	ズ	プ	ハ	撮
ハ	ド	興	画	レ	興	喜	グ	み	動	園	芸	影	品
ジ	ャ	マ	イ	カ	メ	キ	シ	コ	リ	読	ハ	狩	プ

アルバニア
デンマーク
フランス
ギリシャ
ハイチ
インドネシア
アイルランド
ジャマイカ
日本
ラオス
レバノン
メキシコ
ネパール
ナイジェリア
パキスタン
ロシア
シリア
ソマリア
ウクライナ
ウガンダ

19 - Material de Arte

釣	魔	写	レ	ゲ	ラ	パ	ス	テ	ル	塗	の	影	イ
動	撮	魔	び	レ	影	鉛	ン	品	ゼ	料	り	ダ	ン
プ	シ	物	ン	魔	ジ	ズ	筆	ク	ー	ン	芸	猟	ク
画	読	ラ	ン	ク	粘	土	法	書	イ	炭	読	ジ	写
シ	ゼ	レ	画	み	消	芸	狩	エ	り	グ	椅	子	エ
写	レ	法	ン	動	し	読	興	画	影	撮	味	エ	興
カ	ン	芸	び	編	ゴ	パ	リ	ル	品	レ	編	ル	シ
ゼ	メ	ハ	ン	猟	ム	イ	喜	喜	書	釣	ク	り	テ
ゲ	シ	ラ	ブ	紙	活	ラ	影	イ	ダ	ズ	ラ	撮	ー
パ	ン	ジ	園	ー	書	ム	色	園	ハ	ゼ	陶	油	ブ
キ	影	ル	動	興	ハ	シ	ム	ラ	写	釣	ダ	画	ル
陶	ズ	味	編	ル	芸	猟	ゼ	撮	物	陶	イ	彩	リ
書	び	写	プ	味	狩	イ	味	り	ズ	グ	み	水	ク
芸	リ	り	活	ク	興	ゼ	創	造	性	キ	物	ル	ア

アクリル
消しゴム
水彩画
粘土
椅子
イーゼル
カメラ
のり
創造性
ブラシ
鉛筆
テーブル
パステル
インク
塗料

20 - Números

ハ	プ	セ	品	興	物	法	び	レ	ー	ラ	プ	園	シ
影	影	ブ	興	品	ン	ハ	絵	興	喜	影	猟	り	キ
読	ハ	ン	ブ	セ	書	ラ	ズ	パ	陶	活	動	ャ	味
ズ	五	テ	画	書	ジ	書	興	り	ラ	興	法	み	ラ
ク	芸	ィ	ゼ	魔	ラ	ン	法	ジ	ム	真	エ	味	影
書	法	ー	味	ー	陶	ク	園	ダ	画	グ	四	十	法
味	品	ン	喜	影	ゼ	味	パ	ゼ	法	編	十	八	リ
リ	九	喜	ズ	ダ	二	エ	リ	園	猟	芸	二	五	プ
味	ハ	ズ	活	ズ	十	喜	パ	味	釣	ゲ	グ	真	編
興	イ	芸	ー	絵	六	プ	編	撮	み	ゼ	パ	ク	ズ
法	書	び	狩	ゼ	パ	ダ	小	ン	編	活	喜	ラ	撮
陶	写	活	興	ロ	園	品	絵	数	ダ	グ	園	喜	活
ジ	真	ム	法	園	ク	イ	活	動	活	陶	三	十	書
写	パ	味	キ	魔	活	猟	法	ダ	レ	編	ハ	六	編

小数
十六
セブンティーン
十八
十二
十四
十五
セブン
十三
二十
ゼロ

21 - Física

釣	撮	相	シ	ズ	密	び	リ	電	パ	化	ー	ダ	ク
加	リ	対	芸	影	狩	度	速	読	子	学	エ	ャ	喜
速	重	性	狩	ゲ	写	物	法	パ	粒	薬	ガ	画	カ
シ	力	理	ズ	り	ゲ	撮	リ	編	活	品	芸	ス	学
ル	グ	論	品	び	び	絵	編	グ	ゼ	び	キ	ム	キ
分	子	ー	リ	ル	ズ	り	物	エ	ン	ジ	ン	動	陶
真	ン	ハ	芸	ユ	ニ	バ	ー	サ	ル	磁	物	ン	み
活	猟	キ	イ	芸	ジ	レ	魔	ク	グ	気	ゼ	影	喜
周	波	数	混	猟	物	ズ	喜	核	ゲ	エ	味	ム	狩
式	書	魔	沌	ラ	ク	動	芸	芸	喜	法	シ	物	ゼ
シ	編	撮	法	ダ	狩	影	ゲ	読	ジ	ゲ	喜	グ	絵
芸	グ	魔	パ	ハ	ジ	品	レ	物	イ	猟	エ	物	イ
猟	品	ジ	撮	品	び	ダ	キ	ン	陶	プ	撮	真	動
み	ゲ	ゲ	エ	真	ム	ゼ	書	エ	質	量	原	子	び

加速
原子
混沌
密度
電子
周波数
ガス
重力
磁気

質量
力学
分子
エンジン
粒子
化学薬品
相対性理論
ユニバーサル
速度

22 - Especiarias

真	ナ	シ	ズ	ゲ	ラ	ニ	バ	物	ル	り	狩	撮	影
陶	影	ツ	レ	グ	ル	ネ	ン	ェ	フ	書	ズ	編	ゼ
ャ	キ	エ	メ	ハ	シ	陶	ス	ニ	ア	ゼ	リ	撮	法
法	キ	品	味	グ	ク	ゲ	物	釣	ク	ム	ゼ	ゲ	み
法	ハ	シ	影	撮	リ	ミ	法	写	ー	絵	苦	い	甘
影	ー	ナ	シ	ョ	ウ	ガ	ン	モ	ダ	ル	カ	ム	法
玉	ム	モ	読	ダ	ジ	カ	読	ー	ン	ラ	フ	サ	活
葱	写	ン	ゲ	魔	プ	レ	法	び	ア	画	レ	び	品
ゲ	書	書	編	ゼ	ー	ー	ワ	サ	リ	絵	釣	イ	猟
レ	狩	ー	塩	エ	イ	り	ゼ	画	コ	り	プ	ラ	園
活	ゼ	魔	コ	シ	動	り	プ	ラ	グ	ャ	読	猟	狩
狩	狩	陶	シ	園	み	み	ゲ	猟	読	イ	グ	ゼ	狩
写	ー	び	ョ	ゼ	甘	草	釣	画	シ	リ	読	リ	書
影	ゲ	園	ウ	エ	興	ダ	編	み	ル	撮	ゼ	ル	ル

サフラン
甘草
ニンニク
苦い
アニス
サワー
バニラ
シナモン
カルダモン
カレー
玉葱
コリアンダー
クミン
甘い
フェンネル
ショウガ
ナツメグ
コショウ

23 - Países #1

味	ハ	品	カ	狩	物	写	ダ	陶	び	読	ズ	写	エ
興	品	芸	品	ン	ハ	ハ	エ	ー	真	り	プ	ジ	興
品	ハ	ツ	陶	読	ボ	興	魔	ン	ラ	ム	撮	芸	品
動	ク	ン	イ	ペ	ス	ジ	編	ャ	画	ン	影	物	パ
ポ	ー	ラ	ン	ド	フ	み	ア	イ	ス	ラ	エ	ル	イ
動	ェ	写	キ	ン	ィ	活	グ	影	園	芸	影	プ	タ
ン	ウ	ズ	ャ	イ	ン	編	ラ	パ	活	書	ハ	ダ	リ
魔	ル	イ	セ	シ	ラ	陶	カ	猟	活	活	ム	ブ	ア
イ	ノ	ラ	ネ	エ	ン	法	ニ	釣	動	品	ー	ラ	動
絵	絵	ク	ガ	ク	ド	ベ	ネ	ズ	エ	ラ	ム	ジ	狩
ズ	興	ル	ル	ア	写	喜	レ	法	ャ	マ	ー	ル	ク
猟	画	ャ	喜	ド	写	物	ラ	ジ	ハ	カ	ナ	ダ	レ
エ	ジ	プ	ト	ル	写	マ	リ	動	法	ー	撮	パ	読
撮	書	撮	モ	ロ	ッ	コ	パ	イ	ル	猟	レ	キ	書

ドイツ
ブラジル
カンボジア
カナダ
エジプト
エクアドル
スペイン
フィンランド
イラク
イスラエル
イタリア
インド
マリ
モロッコ
ニカラグア
ノルウェー
パナマ
ポーランド
セネガル
ベネズエラ

24 - A Mídia

商	オ	味	ゼ	ゲ	知	的	意	見	通	喜	資	み	業
業	び	ン	影	デ	ジ	タ	ル	個	人	信	金	キ	界
ー	活	釣	ラ	ラ	ジ	オ	教	育	芸	ャ	調	み	シ
プ	ラ	味	ャ	イ	リ	プ	活	び	り	狩	達	写	書
絵	書	ズ	エ	陶	ン	釣	ラ	ジ	読	ン	ダ	ゼ	ハ
レ	ン	釣	影	編	法	エ	狩	喜	真	品	ル	撮	影
猟	味	エ	活	ー	パ	読	ン	陶	味	ズ	陶	ル	陶
ラ	ー	動	真	味	画	ー	活	真	動	影	び	み	通
興	ル	エ	事	実	絵	り	ハ	編	味	ン	写	ャ	信
テ	レ	ビ	読	芸	味	味	ク	喜	リ	園	影	動	網
興	猟	写	猟	ム	キ	イ	狩	影	芸	グ	み	り	イ
版	ダ	ラ	パ	み	撮	新	ム	法	ズ	魔	写	態	度
ラ	ズ	ム	エ	パ	キ	聞	ラ	プ	ハ	動	真	味	ゼ
ロ	ー	カ	ル	イ	興	品	リ	ー	ン	公	共	キ	ゲ

態度
商業
通信
デジタル
教育
事実
資金調達
写真
個人
業界
知的
新聞
ローカル
オンライン
意見
公共
ラジオ
通信網
テレビ

25 - Casa

ゼ	プ	ゲ	法	部	イ	り	び	ン	魔	蛇	ダ	ン	陶
ダ	画	絵	鏡	屋	ラ	グ	物	ダ	り	ダ	ロ	ゼ	シ
編	読	ダ	イ	ム	園	ル	ズ	喜	物	び	イ	画	リ
フ	ェ	ン	ス	ガ	レ	ー	ジ	品	ク	ジ	動	ル	真
釣	ハ	ハ	ン	絵	編	ハ	編	ほ	レ	園	品	イ	庭
園	び	興	ダ	プ	ダ	ャ	壁	う	書	リ	グ	ズ	シ
カ	ー	テ	ン	絵	釣	真	み	き	撮	猟	ジ	魔	ャ
釣	キ	ー	グ	ラ	陶	味	プ	窓	影	パ	ゼ	ム	ワ
天	井	グ	ハ	ム	ハ	暖	キ	ル	猟	ゼ	ズ	園	ー
ラ	ラ	び	動	み	撮	炉	キ	ッ	チ	ン	び	ラ	ク
図	法	ャ	ク	影	書	ャ	屋	ド	ア	プ	ズ	家	ー
書	真	活	猟	シ	リ	レ	根	ゼ	狩	り	読	絵	具
館	絵	り	猟	撮	グ	ー	裏	園	猟	リ	レ	影	り
び	ズ	ー	釣	釣	法	狩	ゲ	リ	動	プ	釣	ズ	リ

図書館
フェンス
キー
シャワー
カーテン
キッチン
ガレージ
暖炉
家具
ドア
部屋
屋根裏
ラグ
天井
蛇口
ほうき

26 - Vegetais

キ	ハ	動	茄	プ	か	ほ	活	ラ	リ	サ	興	書	ク
活	ノ	イ	子	園	ぼ	パ	う	ダ	パ	ラ	品	イ	画
ダ	猟	コ	キ	も	ち	釣	猟	れ	ハ	ダ	ル	ズ	プ
陶	プ	レ	書	い	ゃ	活	猟	ン	ん	グ	み	キ	グ
エ	真	に	書	が	ャ	玉	葱	グ	ー	草	撮	ュ	ャ
シ	エ	プ	ん	ゃ	猟	ゼ	魔	喜	興	プ	ガ	ウ	編
ャ	ハ	プ	プ	じ	レ	ニ	真	エ	ン	ド	ウ	リ	陶
ロ	プ	び	ム	び	ん	ン	園	プ	ハ	リ	ョ	カ	真
ッ	だ	い	こ	ん	ラ	ニ	釣	リ	画	影	シ	ブ	芸
ト	マ	ト	品	真	編	ク	ー	ョ	チ	ィ	テ	ー	ア
園	シ	影	園	陶	味	パ	ー	ン	喜	味	セ	キ	ゼ
ブ	ロ	ッ	コ	リ	ー	セ	陶	ク	み	ジ	ロ	び	グ
読	み	園	ク	影	品	リ	撮	動	ム	ズ	リ	喜	ム
園	品	ハ	ジ	品	味	園	真	画	ル	興	り	ゲ	書

かぼちゃ
セロリ
アーティチョーク
ニンニク
じゃがいも
茄子
ブロッコリー
玉葱
にんじん
エシャロット
キノコ
エンドウ
ほうれん草
ショウガ
カブ
キュウリ
だいこん
サラダ
パセリ
トマト

27 - Balé

オ	ク	ム	釣	エ	魔	ダ	プ	エ	絵	狩	猟	興	園
ー	興	練	振	り	付	け	作	編	芸	ダ	物	ソ	ス
ケ	写	写	習	動	魔	ー	魔	曲	絵	ン	興	ロ	タ
ス	編	絵	喜	ゲ	ン	び	グ	レ	家	サ	ー	パ	イ
ト	編	ム	味	読	ラ	音	楽	法	芸	ー	芸	ル	ル
ラ	み	り	書	ム	イ	パ	猟	シ	パ	ャ	術	技	品
書	喜	び	強	ズ	魔	撮	魔	画	ン	チ	的	み	ー
ル	物	魔	度	リ	ハ	ー	サ	ル	表	ス	ス	ダ	読
キ	法	活	喜	ャ	び	撮	園	猟	現	ェ	キ	猟	ン
ム	レ	プ	ズ	ー	ャ	釣	魔	ム	カ	ジ	ル	喜	み
ダ	喜	撮	び	び	イ	ゲ	り	り	豊	書	ン	活	園
バ	レ	リ	ー	ナ	筋	品	拍	狩	か	猟	撮	園	芸
ハ	ー	エ	法	釣	プ	肉	手	ク	な	画	ゼ	喜	り
活	ル	プ	味	イ	シ	動	グ	活	ー	ャ	エ	芸	エ

拍手
芸術的
バレリーナ
作曲家
振り付け
ダンサー
リハーサル
スタイル
表現力豊かな
ジェスチャー
スキル
強度
筋肉
音楽
オーケストラ
練習
リズム
ソロ
技術

28 - Adjetivos #1

要	重	い	深	完	芳	猟	寛	大	な	同	び	プ	陶
味	ダ	き	刻	全	香	巨	り	釣	陶	一	編	ク	プ
魅	撮	大	ャ	ズ	族	大	ダ	芸	術	的	真	リ	エ
力	ダ	ダ	魔	り	プ	な	魔	ム	喜	味	ハ	喜	芸
的	遅	り	り	喜	画	シ	パ	物	リ	ハ	魔	書	神
真	写	い	魔	絶	ン	魔	リ	ム	ル	ハ	写	シ	秘
撮	ダ	暗	パ	対	編	ゼ	編	陶	モ	イ	び	ル	的
ム	園	画	び	ク	ハ	魔	園	エ	ゼ	ダ	影	レ	な
り	読	レ	味	み	真	ル	陶	み	園	狩	ン	ャ	物
エ	キ	ゾ	チ	ッ	ク	物	ズ	真	ズ	キ	喜	ク	パ
動	園	ー	ラ	薄	釣	絵	編	撮	興	シ	真	猟	芸
書	リ	ラ	味	い	ゼ	ハ	物	絵	ー	ク	ラ	魔	グ
ハ	物	読	み	プ	品	び	影	釣	編	シ	み	正	釣
ャ	ー	ハ	キ	芸	貴	重	真	ジ	ハ	絵	書	喜	直

絶対
芳香族
芸術的
魅力的
巨大な
暗い
エキゾチック
薄い
寛大な
大きい
正直
同一
重要
遅い
神秘的な
モダン
完全
重い
深刻
貴重

29 - Insetos

動	画	ア	撮	ダ	画	真	シ	品	園	イ	パ	グ	エ
イ	ム	ブ	エ	イ	リ	プ	ル	グ	画	り	み	写	写
ゼ	絵	ラ	書	エ	法	書	ン	法	グ	ハ	ラ	喜	陶
写	シ	ム	蛾	リ	画	ダ	狩	芸	魔	画	書	ャ	イ
画	エ	シ	猟	喜	ム	園	品	編	ゼ	真	レ	り	ス
品	影	リ	カ	エ	み	芸	ク	ダ	魔	び	ハ	魔	ズ
ゲ	蚊	ゼ	ン	マ	プ	物	ャ	蝉	ゲ	撮	ズ	影	メ
ラ	真	法	ル	書	キ	活	撮	釣	陶	ゼ	法	法	バ
味	猟	編	ゼ	ン	編	リ	ブ	キ	ゴ	バ	ッ	タ	チ
ラ	ズ	喜	ル	影	蜂	ア	て	パ	猟	ム	り	ン	ク
ワ	ー	ム	書	イ	ズ	ロ	ん	ノ	ミ	狩	ト	甲	イ
び	品	蟻	み	絵	蝶	シ	と	グ	ラ	猟	ン	ー	虫
画	イ	ゼ	画	興	法	ジ	う	物	ゼ	喜	ボ	び	幼
ゼ	ク	ン	ク	パ	ハ	み	虫	写	絵	ゲ	シ	物	び

ゴキブリ
甲虫
シロアリ
バッタ
てんとう虫
幼虫
トンボ
カマキリ
ワーム
ノミ
アブラムシ
スズメバチ

30 - Paisagens

芸	猟	ゲ	ズ	み	び	ハ	園	ー	画	レ	ハ	湾	半
ハ	み	パ	グ	興	興	狩	パ	画	猟	ゼ	谷	興	島
ハ	レ	動	ハ	真	ハ	園	動	み	ム	ゲ	湖	興	書
ビ	ー	チ	法	ツ	ラ	グ	興	ジ	影	イ	び	シ	キ
み	猟	ゼ	興	ン	み	陶	ジ	書	写	猟	ズ	猟	ク
影	沼	活	法	ド	山	火	リ	り	み	ズ	動	シ	ー
ム	ズ	編	島	ラ	エ	ー	ャ	画	物	絵	工	編	味
リ	撮	氷	河	書	ズ	書	リ	猟	ジ	動	キ	品	ゼ
味	興	ク	ズ	陶	釣	洞	園	活	ゲ	プ	魔	砂	法
活	ラ	川	グ	滝	氷	窟	パ	活	海	洋	読	工	漠
釣	狩	釣	丘	ャ	山	書	動	猟	法	書	レ	魔	ゲ
ゲ	絵	み	画	ル	プ	ズ	狩	ハ	喜	編	工	び	プ
釣	パ	ラ	絵	魔	ジ	陶	ル	書	物	ダ	ハ	キ	び
絵	海	魔	興	イ	画	び	ゲ	ク	オ	ア	シ	ス	興

洞窟
砂漠
氷河
氷山
オアシス
海洋
半島
ビーチ
ツンドラ
火山

31 - Nutrição

ン	食	読	タ	猟	り	パ	猟	シ	編	法	絵	レ	撮
ジ	欲	絵	ン	読	リ	活	ル	シ	ズ	ゼ	発	ハ	釣
品	質	キ	パ	ダ	ン	読	動	ダ	編	法	猟	酵	芸
絵	イ	ャ	ク	書	ル	編	ハ	プ	イ	炭	水	化	物
バ	消	化	質	ジ	プ	び	編	編	グ	エ	イ	品	グ
ラ	パ	ゲ	活	レ	ン	興	画	魔	ハ	ャ	ッ	真	レ
ン	品	ゼ	活	品	狩	ン	品	ジ	ク	キ	味	ト	猟
ス	ー	ソ	陶	グ	読	ジ	影	み	ラ	画	画	喜	画
食	用	ゲ	狩	レ	レ	リ	園	り	猟	狩	栄	養	素
画	編	苦	い	ハ	陶	喜	ゲ	ン	エ	ダ	レ	釣	毒
喜	味	パ	物	狩	パ	ジ	ン	ズ	ル	陶	動	読	ハ
り	写	撮	ズ	編	グ	液	ダ	絵	重	レ	ャ	喜	ジ
ズ	影	び	狩	狩	影	興	体	プ	さ	元	気	編	読
味	読	陶	カ	ロ	リ	ー	撮	健	康	ビ	タ	ミ	ン

苦い
食欲
カロリー
炭水化物
食用
ダイエット
消化
バランス
発酵
液体

ソース
栄養素
重さ
タンパク質
品質
元気
健康
毒素
ビタミン

32 - Energia

電	芸	ー	写	ラ	光	風	写	ク	写	ラ	芸	ゲ	絵
画	子	撮	太	陽	子	プ	ハ	ガ	ソ	リ	ン	び	グ
ル	ラ	ク	ー	ル	釣	業	界	レ	物	猟	核	び	ジ
ゼ	ジ	活	影	味	撮	び	リ	シ	ャ	ラ	ダ	釣	編
ゼ	レ	ム	モ	芸	み	味	品	ゲ	り	影	み	キ	陶
り	ャ	プ	ー	汚	ハ	グ	エ	ン	ラ	熱	み	ゲ	読
エ	活	り	タ	染	興	再	炭	素	レ	エ	リ	撮	画
パ	ル	ゼ	ー	ィ	デ	生	読	水	写	シ	ハ	書	り
ハ	絵	ゲ	シ	シ	狩	可	ジ	タ	編	ル	陶	画	画
キ	品	電	レ	狩	釣	能	猟	ゼ	ー	編	品	真	撮
プ	ズ	池	環	び	園	ゲ	イ	ム	読	ビ	活	ー	ル
画	釣	シ	境	ャ	絵	撮	ー	ピ	ロ	ト	ン	エ	ハ
喜	燃	魔	狩	味	シ	電	写	興	シ	狩	イ	影	ハ
ハ	料	ン	画	リ	品	ハ	気	イ	ャ	り	ン	味	シ

環境
電池
炭素
燃料
ディーゼル
電気
電子
エントロピー
光子
ガソリン
水素
業界
モーター
汚染
再生可能
太陽
タービン

33 - Disciplinas Científicas

生	み	ク	キ	生	編	活	ハ	写	動	シ	化	ル	動
活	化	プ	ネ	理	神	経	学	象	気	ル	学	ー	動
ー	ジ	学	シ	生	態	学	理	熱	力	学	物	動	エ
ゼ	リ	釣	オ	プ	絵	ゼ	心	び	品	リ	鉱	真	ク
喜	物	狩	ロ	ー	味	撮	芸	狩	ハ	ム	ン	び	陶
免	疫	学	ジ	撮	グ	ク	ゲ	プ	品	味	味	狩	ク
活	ン	法	ー	イ	り	み	品	ダ	解	剖	学	古	考
生	影	り	天	グ	ャ	興	植	レ	喜	ム	語	ジ	ル
書	物	品	文	び	読	陶	物	芸	ム	ハ	言	活	興
ャ	撮	学	学	シ	興	ー	学	ジ	イ	シ	ル	ゲ	ズ
書	ダ	陶	ー	味	ル	画	影	ハ	み	撮	社	ジ	魔
レ	シ	芸	陶	地	ク	興	ャ	読	編	写	会	陶	動
ャ	喜	真	読	芸	質	物	味	釣	動	ゼ	学	ゼ	絵
物	法	釣	画	魔	魔	学	ラ	ー	芸	魔	読	プ	猟

解剖学
考古学
天文学
生物学
生化学
植物学
キネシオロジー
生態学
生理
地質学
免疫学
言語学
気象学
鉱物学
神経学
心理学
化学
社会学
熱力学
動物学

34 - Meditação

思	猟	自	ズ	品	パ	動	釣	書	キ	イ	編	ダ	ジ
魔	い	然	観	察	ー	音	楽	注	意	ジ	明	姿	勢
工	猟	や	魔	法	ス	ラ	思	ゼ	リ	影	興	快	シ
品	ム	ダ	り	習	ペ	狩	考	芸	喜	メ	平	和	活
ゼ	画	ー	ャ	慣	ク	ダ	園	狩	ド	ン	イ	マ	狩
レ	ダ	り	ハ	ズ	テ	撮	書	情	み	タ	真	釣	ラ
興	ク	読	写	写	ィ	影	ゼ	感	謝	ル	ジ	活	画
ャ	猟	書	法	編	ブ	シ	書	り	み	ラ	ン	品	ダ
ム	影	法	園	魔	興	釣	び	興	沈	黙	親	工	品
り	キ	ン	受	ゼ	魔	ゲ	シ	喜	狩	影	切	味	影
ハ	影	ー	け	編	活	グ	品	ゲ	ル	り	影	編	リ
ャ	園	ム	入	プ	真	ル	レ	り	写	ー	動	き	興
陶	リ	画	れ	ダ	真	教	ゲ	撮	狩	ル	活	シ	魔
り	ク	釣	物	り	ズ	ゲ	え	ゼ	り	レ	キ	み	リ

受け入れ
注意
親切
明快
思いやり
感情
教え
感謝
習慣
メンタル
マインド
動き
音楽
自然
観察
平和
思考
パースペクティブ
姿勢
沈黙

35 - Artes Visuais

ア	ー	テ	ィ	ス	ト	粘	土	チ	ワ	創	リ	編	ダ
喜	レ	法	び	絵	影	み	パ	ョ	ッ	興	造	び	レ
釣	ジ	ム	写	興	品	法	ゼ	ー	ク	ー	イ	性	炭
釣	ゲ	動	興	狩	キ	キ	ハ	ク	ス	リ	ダ	絵	プ
ハ	品	芸	読	映	画	ル	シ	ン	テ	ス	ー	真	彫
ズ	園	ー	ゲ	り	パ	ゼ	写	芸	動	ジ	編	陶	刻
ハ	興	ペ	リ	エ	喜	ー	味	釣	魔	ー	建	築	ダ
写	味	ン	イ	み	ジ	イ	ス	リ	エ	品	エ	物	ポ
ジ	ズ	リ	傑	芸	ク	絵	ャ	ペ	写	真	ワ	ク	ー
動	ゲ	ゲ	作	ハ	狩	み	画	釣	ク	み	ニ	真	ト
真	リ	ジ	画	読	釣	ゼ	味	陶	読	テ	ス	リ	レ
影	画	喜	ク	ズ	イ	ク	み	み	物	喜	ィ	ダ	ー
写	み	シ	り	構	活	鉛	び	グ	ク	芸	ゼ	ブ	ト
ル	品	グ	ジ	成	味	筆	絵	ゲ	ル	イ	活	ャ	芸

粘土
建築
アーティスト
ペン
イーゼル
ワックス
構成
創造性
彫刻
ステンシル
映画
写真
チョーク
鉛筆
傑作
パースペクティブ
絵画
ポートレート
ワニス

36 - Moda

生	法	影	手	ダ	快	適	物	読	レ	絵	パ	園	ハ
地	芸	リ	ジ	頃	リ	釣	物	ハ	ー	イ	エ	エ	狩
キ	味	プ	喜	画	な	価	高	ミ	ス	絵	び	編	物
測	定	み	ゲ	真	ダ	価	影	ニ	ジ	み	猟	グ	写
動	読	興	ズ	ー	ャ	ジ	格	マ	興	リ	動	プ	み
プ	釣	興	み	陶	絵	狩	ル	リ	ダ	ル	り	パ	ル
パ	ル	ダ	ハ	芸	画	動	ラ	ス	芸	猟	芸	物	物
絵	イ	ド	オ	リ	ジ	ナ	ル	ト	ン	ガ	レ	エ	影
ボ	タ	ン	実	写	ャ	品	ブ	ル	モ	ダ	ン	味	狩
刺	ス	レ	活	用	ダ	狩	テ	撮	シ	猟	ル	動	園
興	繍	ト	芸	レ	的	絵	ィ	ゼ	味	衣	類	ル	ダ
ゲ	グ	活	芸	ハ	法	陶	ッ	書	ク	興	読	真	び
動	活	び	園	ル	魔	影	ク	テ	ク	ス	チ	ャ	法
リ	ダ	芸	リ	影	ク	ゼ	ク	書	画	釣	パ	ズ	ル

手頃な価格
刺繍
ボタン
ブティック
高価な
快適
エレガント
スタイル
測定
ミニマリスト
モダン
オリジナル
実用的
レース
衣類
生地
トレンド
テクスチャ

37 - Instrumentos Musicais

フ	ァ	ゴ	ッ	ト	ゴ	プ	ギ	絵	味	サ	エ	オ	ハ
プ	園	び	ト	シ	ン	魔	ラ	タ	シ	ッ	バ	ー	ー
ト	活	ハ	ー	プ	グ	キ	魔	興	ー	ク	ン	ボ	モ
イ	ロ	ハ	ル	芸	タ	ン	バ	リ	ン	ス	ジ	エ	ニ
ド	ェ	ン	フ	ピ	ア	ノ	ル	写	リ	ク	ョ	ル	カ
ラ	チ	ョ	ボ	影	動	ジ	編	陶	オ	ト	ー	喜	ダ
ム	活	シ	活	ー	マ	味	釣	ル	イ	ッ	レ	撮	ト
味	レ	ッ	法	興	ン	ン	ゼ	味	バ	ネ	ゲ	ャ	ラ
レ	芸	カ	喜	撮	キ	物	ド	ラ	マ	リ	ン	バ	ン
ー	釣	ー	シ	撮	シ	読	興	リ	レ	ラ	ジ	シ	ペ
活	動	パ	ジ	ラ	真	撮	品	キ	ン	ク	真	書	ッ
び	味	園	真	猟	物	写	狩	猟	真	ハ	撮	絵	ト
ャ	絵	シ	キ	プ	ー	ズ	動	活	動	グ	ク	興	写
プ	ズ	ハ	ジ	画	ゲ	法	陶	パ	読	味	釣	絵	品

マンドリン
バンジョー
クラリネット
ファゴット
フルート
ハーモニカ
ゴング
ハープ
マリンバ
オーボエ
タンバリン
パーカッション
ピアノ
サックス
ドラム
トロンボーン
トランペット
ギター
バイオリン
チェロ

38 - Adjetivos #2

法	ズ	ギ	パ	ホ	イ	ク	元	気	園	レ	ゲ	ャ	読
ャ	エ	フ	み	ッ	写	リ	真	喜	誇	り	イ	書	ク
ク	ゲ	テ	猟	ト	ン	エ	法	エ	活	絵	ハ	釣	猟
リ	物	ッ	影	ダ	味	イ	真	ム	書	絵	猟	興	ン
イ	ラ	ド	ゲ	ズ	グ	テ	味	陶	ナ	ジ	狩	ゼ	絵
塩	オ	編	生	産	的	ィ	撮	び	チ	画	猟	物	ダ
辛	法	ー	野	イ	真	ブ	品	キ	ュ	ジ	ク	編	ハ
い	強	ー	セ	品	活	イ	味	エ	ラ	シ	味	興	ダ
白	陶	シ	園	ン	絵	読	ャ	レ	ル	ク	釣	喜	ハ
面	責	び	ク	編	テ	キ	芸	ガ	芸	グ	グ	撮	り
説	明	任	キ	真	読	ィ	撮	ン	ピ	ュ	ア	有	プ
び	正	ハ	者	イ	物	エ	ッ	ト	り	シ	ゲ	名	猟
新	常	ゲ	ー	パ	ゼ	み	法	ク	シ	影	パ	な	物
写	着	狩	び	芸	ズ	釣	グ	ク	影	品	エ	イ	ム

オーセンティック
クリエイティブ
説明
ギフテッド
エレガント
有名な
強い
面白い
ナチュラル
正常
新着
誇り
生産的
ピュア
ホット
責任者
塩辛い
元気
ドライ
野生

39 - Roupas

ジ	ャ	ケ	ッ	ト	エ	ブ	グ	ゼ	ク	画	り	品	ム
書	ン	イ	び	ゲ	活	プ	ラ	物	帽	味	真	コ	活
シ	ク	ジ	動	影	ゲ	ゼ	ロ	ウ	子	陶	ラ	ー	写
法	ャ	み	撮	画	撮	編	パ	ン	ス	手	袋	ト	釣
ネ	ッ	ク	レ	ス	影	ム	ジ	ョ	エ	狩	活	撮	び
ル	物	写	喜	物	ダ	靴	ャ	シ	画	シ	狩	読	パ
動	み	味	絵	ク	み	ム	マ	ッ	興	シ	ャ	ツ	真
パ	物	絵	陶	レ	興	釣	撮	ァ	ム	ズ	び	ン	ス
ク	ル	シ	読	影	り	ム	園	フ	味	ラ	パ	パ	カ
ド	レ	ス	ン	ル	ズ	写	ゼ	喜	ン	園	法	ン	ー
ジ	編	動	ク	ゲ	読	セ	ー	タ	ー	物	品	ン	ト
リ	ー	ラ	靴	下	ル	ジ	ン	ル	エ	ゲ	魔	書	ル
ル	ダ	ン	サ	画	エ	ク	ゼ	影	ゼ	猟	び	釣	ベ
ル	味	味	ズ	法	ゼ	ブ	レ	ス	レ	ッ	ト	品	真

エプロン
ブラウス
パンツ
シャツ
コート
帽子
ベルト
ネックレス
ジャケット
ジーンズ
手袋
靴下
ファッション
パジャマ
ブレスレット
スカート
サンダル
セーター
ドレス

40 - Herbalismo

レ	ロ	ン	ゼ	ャ	ズ	ゼ	読	ハ	書	影	フ	興	物
活	法	ー	味	ズ	プ	り	ャ	撮	魔	タ	ェ	読	パ
レ	ダ	真	ズ	ゲ	動	ル	味	猟	ラ	イ	ン	成	分
味	グ	園	芸	マ	庭	絵	品	活	バ	ム	ネ	び	書
プ	り	喜	ジ	ゲ	リ	法	ハ	サ	ジ	緑	ル	ク	み
プ	書	ズ	活	画	コ	ー	釣	フ	ル	影	編	影	ー
編	ラ	動	書	狩	び	リ	ゼ	ラ	タ	ラ	ゴ	ン	り
ム	魔	植	物	興	品	書	ア	ン	り	釣	ズ	味	レ
ラ	ベ	ン	ダ	ー	有	益	動	ン	ニ	ン	ニ	ク	品
ョ	ク	読	ン	リ	芳	キ	花	ゲ	ダ	園	物	プ	質
ジ	興	レ	プ	ハ	陶	香	狩	絵	釣	ー	ラ	ン	ハ
ー	パ	セ	リ	ー	喜	ー	族	ー	喜	味	ー	ダ	ジ
マ	レ	エ	エ	画	真	み	読	グ	ジ	書	写	み	読
写	味	真	編	ャ	キ	興	法	ゼ	書	イ	品	画	品

サフラン
ローズマリー
ニンニク
芳香族
有益
コリアンダー
タラゴン
フェンネル
成分
ラベンダー
バジル
マージョラム
植物
品質
パセリ
タイム

41 - Arqueologia

ン	イ	撮	絵	ラ	魔	不	芸	ン	び	プ	ム	ゲ	ン
狩	撮	ミ	読	絵	動	プ	明	陶	釣	写	ラ	ャ	写
活	味	ス	グ	陶	み	パ	興	シ	プ	ゼ	墓	書	品
ラ	パ	テ	グ	興	ゼ	ン	ク	骨	レ	ン	パ	ゼ	リ
編	ハ	リ	評	価	オ	影	写	動	ダ	ハ	猟	絵	ク
子	孫	ー	リ	プ	読	ブ	ク	グ	年	釣	ル	ン	ク
狩	ズ	画	写	品	ズ	絵	ジ	釣	ジ	ク	興	ジ	品
編	研	忘	ゲ	ジ	芸	キ	喜	ェ	品	書	レ	狩	編
陶	究	れ	ゼ	寺	分	書	文	明	ク	陶	チ	レ	動
器	者	ら	ズ	写	析	教	授	真	活	ト	ー	化	石
ズ	み	れ	ャ	パ	時	代	画	レ	遺	ズ	ム	ム	専
リ	び	た	興	品	ム	撮	ジ	レ	ム	物	ン	ダ	門
ャ	書	キ	ル	イ	エ	真	り	写	ン	グ	撮	釣	家
撮	ジ	ー	ク	シ	喜	興	興	ラ	パ	ゼ	喜	ラ	ー

分析
評価
陶器
文明
子孫
不明
チーム
時代
専門家
忘れられた
化石
研究者
ミステリー
オブジェクト
教授
遺物

42 - Esporte

芸	コ	ー	チ	能	ダ	活	真	絵	ル	り	リ	法	釣
活	筋	ク	ル	カ	ン	ラ	絵	真	ラ	影	画	書	ゴ
ャ	陶	肉	興	グ	シ	猟	プ	編	プ	ハ	編	ャ	ー
狩	リ	エ	影	シ	ン	強	イ	園	リ	キ	ジ	喜	ル
ー	画	り	ズ	ン	グ	さ	編	動	絵	物	ー	絵	品
ゼ	猟	画	影	グ	み	ム	エ	編	ア	陶	グ	ダ	物
キ	プ	ロ	グ	ラ	ム	チ	ッ	レ	ト	ス	ン	写	エ
イ	体	ゲ	ン	レ	ズ	健	魔	り	り	喜	リ	ツ	び
ラ	魔	活	ギ	代	謝	康	活	ン	撮	ク	ク	ー	撮
影	撮	エ	ョ	ゲ	物	法	プ	骨	園	写	イ	ポ	ト
狩	グ	ダ	ジ	興	撮	び	ハ	ー	ジ	ム	サ	ス	ッ
ク	味	キ	読	写	絵	栄	読	パ	法	み	ー	ン	エ
喜	エ	猟	喜	り	編	養	ズ	ズ	絵	猟	猟	書	イ
最	大	化	ル	動	レ	ゲ	品	パ	魔	画	興	ハ	ダ

ストレッチ
アスリート
能力
サイクリング
ダンシング
ダイエット
スポーツ
強さ
ジョギング
最大化
代謝
筋肉
栄養
ゴール
プログラム
健康
コーチ

43 - Frutas

チ	ヤ	味	み	狩	べ	葡	萄	キ	法	コ	ハ	ー	シ
ェ	イ	チ	ジ	ク	ゼ	リ	画	ウ	魔	コ	パ	絵	ゼ
リ	パ	味	釣	撮	芸	桃	ー	イ	真	ナ	ナ	バ	ゼ
ー	パ	ジ	ゼ	イ	写	ム	ゴ	真	リ	ッ	魔	シ	猟
動	編	グ	ゼ	味	園	ジ	ン	レ	オ	ツ	真	撮	味
ブ	ラ	ッ	ク	ベ	リ	ー	マ	ネ	狩	喜	キ	活	写
シ	影	狩	リ	影	画	釣	画	絵	ク	梨	イ	狩	興
ャ	ラ	ズ	ベ	リ	ー	ア	パ	ャ	リ	タ	興	写	ゼ
み	絵	ン	レ	画	興	プ	ボ	物	ゼ	絵	リ	り	品
み	ク	写	興	ジ	り	活	ズ	カ	物	エ	ー	ン	ル
パ	ア	物	活	り	読	画	物	ク	ド	ャ	ャ	モ	興
ト	ッ	コ	リ	プ	ア	キ	陶	品	撮	狩	絵	レ	プ
り	プ	動	園	シ	読	味	園	ム	興	法	猟	ズ	イ
ム	ル	プ	ッ	ナ	イ	パ	ー	シ	撮	プ	猟	び	画

アボカド
パイナップル
ブラックベリー
ベリー
バナナ
チェリー
ココナッツ
アプリコット
イチジク
ラズベリー
キウイ
オレンジ
レモン
アップル
パパイヤ
マンゴー
ネクタリン
葡萄

44 - Corpo Humano

心	臓	影	狩	芸	ダ	ゼ	み	レ	書	芸	パ	絵	活
ゲ	ジ	釣	喜	ズ	編	シ	法	書	ャ	写	プ	ゲ	シ
耳	味	り	り	撮	ロ	猟	喜	グ	園	芸	猟	ル	猟
り	ク	膝	狩	ズ	足	目	頭	シ	魔	釣	ハ	イ	法
撮	釣	法	キ	ダ	ム	ジ	画	撮	動	書	撮	キ	り
ジ	イ	園	ル	影	ラ	狩	パ	リ	ハ	シ	グ	ダ	ャ
ズ	ン	パ	書	パ	ル	み	動	プ	顎	ハ	レ	手	書
影	猟	肌	指	写	パ	み	み	リ	芸	グ	パ	シ	イ
法	興	品	リ	ー	グ	パ	唇	ラ	陶	み	ズ	絵	品
額	ゼ	書	品	撮	物	ゲ	肩	ゼ	釣	ズ	エ	ク	プ
首	ン	ズ	画	ー	ャ	パ	動	ズ	イ	釣	ム	絵	ジ
画	ズ	レ	法	血	影	ダ	魔	キ	法	物	法	撮	ハ
画	編	グ	陶	喜	脳	鼻	り	ダ	パ	グ	肘	イ	陶
ジ	ャ	真	び	パ	喜	足	首	真	物	編	芸	ル	猟

心臓

足首

45 - Caminhada

ャ	猟	興	絵	芸	魔	編	動	喜	動	ハ	パ	ム	味
撮	陶	ャ	ズ	芸	イ	園	重	い	天	ム	園	興	猟
エ	り	読	ジ	ク	野	ゲ	キ	撮	気	準	エ	法	グ
ジ	品	写	品	ダ	芸	生	太	疲	興	備	地	図	ン
ゲ	活	パ	パ	書	ャ	園	陽	レ	れ	編	真	絵	写
オ	リ	エ	ン	テ	ー	シ	ョ	ン	水	た	ャ	ゼ	ダ
ク	ー	魔	イ	パ	真	ー	ャ	品	ル	興	み	読	芸
ク	ダ	ダ	ル	り	エ	狩	ム	猟	ゼ	編	ジ	撮	み
動	味	リ	エ	ジ	ク	真	動	物	ズ	レ	撮	キ	絵
園	ゼ	ラ	法	ガ	ラ	イ	編	味	狩	物	味	ャ	狩
ズ	自	喜	崖	イ	パ	影	魔	ル	山	法	書	ン	ブ
蚊	然	公	園	ド	シ	ゼ	び	キ	気	画	リ	プ	ー
ゲ	ラ	書	イ	プ	法	興	ダ	書	候	エ	味	写	ツ
編	物	ゼ	ン	り	ゼ	編	キ	ン	石	園	影	ダ	ン

キャンプ
動物
ブーツ
疲れた
気候
ガイド
地図
自然
オリエンテーション
公園
重い
準備
野生
太陽
天気

46 - Beleza

ズ	ム	法	製	ク	狩	猟	優	雅	り	ハ	魅	力	エ
ハ	撮	編	品	キ	ム	興	プ	ャ	興	魔	園	絵	び
ハ	化	り	エ	プ	ゼ	芸	ジ	編	パ	ス	絵	マ	フ
編	粧	エ	レ	エ	シ	ジ	法	写	物	タ	芸	ス	ォ
肌	品	味	ガ	芸	ズ	ャ	芸	狩	ル	イ	オ	カ	ト
ン	ラ	イ	ン	ム	ン	ン	ル	狩	ー	リ	は	ラ	ジ
ハ	動	ク	ト	ー	ル	化	狩	り	カ	ス	さ	画	ェ
ル	ー	撮	シ	ー	ル	口	粧	プ	読	ト	み	鏡	ニ
猟	ム	書	猟	読	編	紅	ク	ー	芸	絵	読	ダ	ッ
エ	エ	撮	物	サ	法	撮	喜	ダ	魔	り	ズ	陶	ク
ズ	び	り	味	ー	プ	ン	ャ	シ	ー	書	ン	シ	パ
み	書	香	真	ビ	エ	イ	物	読	ャ	魔	エ	品	物
ン	味	写	り	ス	ジ	エ	レ	ジ	ン	書	グ	色	芸
編	喜	ジ	ャ	ダ	猟	ゼ	シ	レ	絵	園	法	釣	活

口紅
カール
魅力
化粧品
エレガント
優雅
スタイリスト
フォトジェニック
香り
化粧
オイル
製品
マスカラ
サービス
はさみ
シャンプー

47 - Água

蒸	気	ゲ	ズ	喜	イ	芸	物	イ	イ	モ	動	画	リ
運	芸	レ	釣	ダ	写	波	読	エ	レ	ン	ャ	画	ズ
河	イ	エ	撮	写	書	氷	写	撮	ダ	ス	真	絵	書
ラ	シ	グ	書	シ	園	蒸	シ	ダ	ム	ー	ワ	ャ	シ
レ	ゼ	ゼ	釣	興	写	発	ン	ジ	活	ン	シ	興	リ
喜	猟	狩	魔	画	狩	絵	写	画	び	ー	ラ	湖	釣
シ	法	動	ラ	喜	絵	海	喜	ー	ズ	ケ	霜	ー	間
釣	イ	エ	猟	シ	品	洋	魔	陶	ダ	リ	味	エ	欠
ゼ	エ	影	パ	り	物	リ	レ	編	画	ハ	影	キ	泉
真	キ	ズ	画	陶	び	ム	狩	芸	灌	雨	ャ	猟	品
洪	水	飲	活	狩	ダ	ダ	興	雪	ン	漑	み	ジ	狩
ン	グ	興	め	グ	プ	味	ン	川	ズ	影	ー	法	味
園	猟	イ	ハ	る	編	興	ー	ズ	キ	動	リ	真	物
パ	ズ	ム	真	ン	イ	陶	エ	湿	度	ジ	魔	び	ム

運河
シャワー
蒸発
ハリケーン
間欠泉
洪水
灌漑
モンスーン
海洋
飲める
湿度
蒸気

48 - Filantropia

グ	エ	活	喜	芸	ゼ	画	ク	公	共	シ	魔	エ	読
グ	び	歴	撮	影	絵	ハ	ゲ	画	撮	ー	ー	園	味
ゲ	ル	史	喜	読	読	使	写	編	活	芸	シ	画	ジ
編	み	ー	人	ル	ャ	命	編	味	プ	み	猟	り	興
陶	編	魔	プ	活	ハ	必	コ	ミ	ュ	ニ	テ	ィ	み
資	リ	グ	芸	リ	喜	要	味	興	ム	プ	喜	釣	真
金	ジ	動	法	プ	芸	ム	シ	陶	編	シ	芸	グ	ダ
喜	書	品	連	パ	法	ラ	ム	釣	画	プ	猟	ダ	ゼ
み	課	画	絡	人	類	グ	ロ	ー	バ	ル	真	キ	ハ
写	子	題	先	イ	写	ロ	金	ズ	び	ズ	釣	ズ	動
園	供	ハ	読	読	り	プ	融	影	活	ラ	目	寄	陶
読	達	ゲ	法	真	撮	編	ジ	魔	芸	び	標	付	絵
レ	猟	味	ャ	陶	み	真	み	園	ク	ャ	書	正	ゼ
ジ	ゼ	寛	大	さ	ル	喜	シ	芸	狩	ク	レ	物	直

コミュニティ
連絡先
子供達
課題
寄付
金融
資金
寛大さ
グローバル
グループ
歴史
正直
人類
使命
必要
目標
プログラム
公共

49 - Ecologia

読	イ	芸	ナ	ャ	ジ	品	動	興	キ	ダ	り	グ	興
自	然	写	り	チ	ズ	芸	ャ	ク	撮	書	り	画	撮
持	続	可	能	種	ュ	影	絵	編	芸	編	植	ゼ	ャ
エ	エ	ア	ィ	テ	ン	ラ	ボ	喜	地	息	生	魔	ジ
ゼ	ジ	ダ	イ	ズ	ン	編	ル	狩	園	ダ	釣	エ	撮
魔	書	書	フ	ロ	ー	ラ	猟	芸	ン	ジ	撮	ハ	ゲ
ラ	画	ル	ク	キ	芸	陶	ャ	旱	写	ン	写	ル	み
ズ	物	読	パ	影	シ	園	み	魃	グ	ロ	ー	バ	ル
ハ	ー	イ	読	多	ャ	芸	写	活	画	活	ズ	生	存
レ	り	釣	真	様	ゼ	プ	猟	釣	グ	マ	陶	物	ン
マ	リ	ン	動	性	動	影	園	ャ	書	釣	ー	釣	パ
味	動	影	物	物	コ	ミ	ュ	ニ	テ	ィ	ー	シ	狩
リ	ソ	ー	ス	植	相	山	ャ	ゼ	活	イ	ャ	活	ュ
ャ	ズ	釣	シ	物	パ	書	真	り	気	候	ラ	プ	イ

気候
コミュニティ
多様性
動物相
フローラ
グローバル
生息地
マリン
ナチュラル
自然
マーシュ
植物
リソース
旱魃
生存
持続可能
植生
ボランティア

50 - Família

ン	絵	ー	ダ	動	レ	叔	性	夫	子	プ	キ	活	エ
ジ	エ	エ	ラ	物	園	ン	母	絵	供	法	法	品	画
ャ	撮	り	イ	法	び	書	釣	猟	ラ	影	キ	ャ	撮
シ	法	パ	喜	物	ゲ	み	び	妻	動	リ	真	み	リ
い	と	こ	グ	ジ	娘	姉	エ	喜	ー	陶	イ	レ	ジ
リ	ジ	リ	ゲ	芸	真	真	妹	絵	イ	兄	陶	ル	び
陶	狩	パ	ズ	子	ン	祖	先	読	芸	弟	釣	写	ム
画	ン	頃	の	供	子	ル	法	絵	り	芸	狩	書	甥
絵	芸	法	方	達	写	孫	ダ	ズ	グ	芸	び	ン	姪
園	編	ジ	父	絵	プ	陶	エ	ー	ラ	シ	グ	グ	ゲ
読	レ	リ	叔	パ	狩	味	キ	イ	味	ク	シ	ダ	法
興	真	ジ	ゼ	ズ	真	ー	エ	ゲ	パ	ン	狩	撮	編
味	ク	ダ	品	法	ハ	ズ	撮	母	陶	り	活	び	絵
お	ば	あ	ち	ゃ	ん	撮	絵	読	み	園	猟	興	法

祖先
おばあちゃん
子供
子供達
子供の頃
姉妹
兄弟
母性
父方の
いとこ
叔母
叔父

51 - Férias #2

魔	喜	シ	興	パ	ム	ジ	法	エ	ハ	芸	ビ	品	イ
地	グ	テ	ン	ト	喜	ー	読	撮	グ	狩	ー	み	猟
図	ビ	ザ	ラ	ー	ャ	ジ	レ	み	ズ	写	チ	喜	編
画	エ	ャ	ト	ポ	法	海	予	外	国	人	山	ク	ー
ジ	釣	ム	ス	ス	喜	猟	動	約	真	活	影	喜	ハ
釣	写	ャ	レ	パ	影	ズ	ゼ	真	喜	影	撮	ク	島
エ	グ	ハ	影	動	ズ	書	猟	プ	撮	品	ズ	パ	ゼ
イ	空	み	イ	写	編	狩	喜	絵	芸	物	ゼ	真	撮
ズ	港	旅	品	ー	ズ	ダ	ジ	ホ	法	プ	交	通	ン
ハ	画	活	読	ン	タ	り	画	テ	行	き	先	法	ン
ル	グ	喜	狩	狩	り	ク	ャ	ル	シ	ゲ	品	味	ン
パ	喜	ゲ	ン	ャ	釣	影	シ	読	ゼ	グ	エ	読	ー
写	真	芸	撮	写	法	ー	興	ー	ゼ	編	興	休	陶
猟	ク	ハ	撮	動	喜	ゼ	り	猟	ジ	ゼ	物	日	書

空港
行き先
外国人
休日
写真
ホテル
レジャー
地図
パスポート
ビーチ
予約
レストラン
タクシー
テント
交通
ビザ

52 - Edifícios

キ	ル	テ	ホ	博	学	校	影	魔	法	物	画	大	ャ
絵	レ	び	ン	撮	物	レ	魔	編	園	プ	絵	使	釣
釣	魔	味	ダ	ト	動	館	猟	キ	釣	ズ	ゲ	館	影
陶	リ	魔	ム	ア	ジ	タ	ス	り	レ	リ	絵	狩	ラ
撮	活	芸	み	パ	編	ズ	陶	ズ	陶	ゲ	工	興	絵
シ	園	ジ	エ	ー	リ	ン	ズ	納	真	エ	レ	釣	パ
タ	ワ	ー	場	ト	天	文	台	屋	撮	書	猟	読	陶
釣	動	レ	ス	ー	パ	ー	マ	ー	ケ	ッ	ト	大	学
レ	写	ガ	絵	シ	真	編	病	院	研	究	室	グ	興
ク	画	品	ー	ネ	品	芸	編	陶	り	猟	写	グ	ム
味	城	ン	リ	マ	農	場	グ	ム	興	工	ハ	法	キ
ク	活	物	ン	真	興	び	ラ	写	プ	猟	陶	劇	場
芸	み	ズ	ハ	陶	り	ジ	ジ	活	エ	ル	リ	み	味
影	ハ	ム	キ	ャ	ャ	ー	法	シ	ゲ	法	キ	び	絵

アパート
納屋
シネマ
大使館
学校
スタジアム
農場
工場
ガレージ
病院
ホテル
研究室
博物館
天文台
スーパーマーケット
劇場
テント
タワー
大学

53 - Boxe

ク	魔	撮	ジ	狩	釣	プ	プ	ー	影	写	書	絵	魔
エ	写	ン	ン	レ	怪	喜	味	魔	真	キ	ー	ム	編
物	陶	回	書	釣	我	り	猟	プ	ゼ	芸	活	シ	ク
編	読	画	復	相	ー	ン	猟	ジ	影	ハ	ー	猟	読
活	ク	グ	袋	手	猟	ム	読	写	釣	ャ	撮	物	ク
狩	興	イ	狩	み	法	活	写	ル	プ	ャ	読	パ	り
法	レ	戦	闘	機	真	ジ	審	陶	ポ	ダ	画	活	拳
釣	コ	ー	ナ	ー	ゲ	ダ	判	絵	法	イ	釣	強	ゲ
ク	読	ス	キ	ル	体	影	ー	真	キ	読	ン	さ	ジ
キ	芸	シ	影	ベ	ゲ	影	動	読	ッ	書	ム	ト	法
ャ	シ	顎	プ	み	興	ジ	ー	釣	ク	イ	ダ	ン	シ
読	ゼ	撮	園	書	シ	り	物	ン	ハ	動	み	レ	ム
園	読	書	ゼ	園	ハ	ズ	活	レ	動	品	狩	ハ	エ
ゼ	狩	フ	ォ	ー	カ	ス	肘	疲	れ	た	興	ハ	ラ

審判
コーナー
キック
疲れた
フォーカス
強さ
スキル
怪我
戦闘機
手袋
相手
ポイント
回復
ベル

54 - Xadrez

プ	味	狩	動	撮	ゲ	絵	狩	ン	ル	課	パ	ブ	ャ
ゼ	レ	影	イ	イ	猟	ハ	レ	リ	戦	題	ッ	ラ	キ
女	ム	ー	ゲ	ャ	リ	影	魔	釣	ハ	略	シ	ッ	み
王	ダ	対	ヤ	学	ぶ	た	め	に	真	猟	ブ	ク	ャ
イ	ハ	角	喜	ー	グ	園	読	ゼ	猟	真	ジ	喜	ル
撮	ラ	ト	ジ	魔	ャ	プ	書	品	園	書	釣	編	ー
絵	狩	キ	ン	グ	撮	び	影	ー	影	猟	真	法	ル
喜	絵	ジ	ク	イ	チ	ャ	ン	ピ	オ	ン	エ	動	レ
ハ	相	手	プ	ダ	ポ	猟	り	エ	パ	動	法	ー	狩
り	み	ン	エ	陶	読	陶	び	法	ャ	シ	犠	牲	陶
ラ	芸	ャ	プ	芸	時	間	白	い	ラ	動	ン	リ	ル
ジ	ク	コ	ン	テ	ス	ト	ト	ー	ナ	メ	ン	ト	喜
ャ	キ	園	グ	書	喜	プ	活	ー	芸	品	み	魔	編
写	ズ	園	ハ	味	エ	ゼ	グ	り	ダ	キ	画	ン	魔

学ぶために
白い
チャンピオン
コンテスト
課題
対角
戦略
プレーヤー
ゲーム
相手
パッシブ
ポイント
ブラック
女王
ルール
キング
犠牲
時間
トーナメント

55 - Aventura

ク	レ	ー	プ	狩	読	撮	ダ	課	題	活	編	ナ	ャ
芸	ン	ジ	絵	イ	ン	法	画	み	エ	動	ゼ	ビ	影
芸	狩	い	パ	エ	み	園	編	猟	園	イ	活	ゲ	釣
動	影	美	し	さ	物	イ	喜	喜	陶	絵	園	ー	撮
品	法	写	興	珍	品	味	影	旅	真	自	然	シ	物
ー	ダ	ダ	イ	書	り	機	グ	程	ム	ム	画	ョ	キ
画	撮	ン	ー	法	法	編	会	シ	読	影	キ	ン	ゲ
ハ	安	イ	グ	品	興	ャ	品	動	写	絵	新	着	ズ
画	全	キ	パ	ー	絵	喜	陶	み	危	友	達	狩	影
ゼ	性	ゲ	キ	勇	猟	び	物	園	険	パ	物	ゼ	編
熱	意	ズ	び	気	釣	書	び	準	な	チ	活	絵	プ
喜	困	釣	エ	法	行	き	先	ム	備	ャ	動	読	イ
釣	難	び	り	ズ	プ	ム	ー	り	遠	ン	ー	ン	ム
喜	法	プ	シ	魔	キ	品	び	動	足	ス	ハ	芸	動

喜び
友達
活動
美しさ
勇気
チャンス
課題
行き先
困難
熱意
遠足
珍しい
旅程
自然
ナビゲーション
新着
機会
危険な
準備
安全性

56 - Floresta Tropical

ジ	ャ	読	ル	ー	喜	芸	味	真	動	ダ	リ	狩	自
ジ	ャ	ゲ	ム	影	両	り	び	物	書	物	釣	避	然
ジ	ダ	ン	ラ	キ	ゲ	生	虫	工	撮	ゼ	ャ	難	読
陶	び	ャ	グ	画	絵	パ	類	多	様	性	魔	絵	猟
陶	陶	撮	活	ル	イ	び	キ	み	レ	読	ズ	ゼ	み
レ	喜	釣	法	ハ	撮	ズ	ゲ	ゼ	キ	陶	キ	植	り
び	グ	絵	プ	興	品	復	元	貴	先	書	猟	物	狩
鳥	芸	ズ	ダ	編	グ	グ	魔	重	住	芸	ン	ダ	読
レ	ダ	り	イ	動	狩	読	パ	陶	民	芸	ン	ジ	ク
プ	ゼ	喜	読	興	イ	哺	乳	類	族	絵	ン	ン	芸
法	狩	イ	ル	興	レ	画	ズ	ク	リ	芸	真	苔	レ
ラ	グ	ャ	気	候	コ	ミ	ュ	ニ	テ	ィ	生	存	動
り	ン	ゲ	釣	キ	雲	シ	グ	ハ	グ	興	撮	絵	保
絵	み	喜	尊	敬	味	ャ	絵	種	ゼ	魔	物	ハ	存

両生類
植物
気候
コミュニティ
多様性
先住民族
哺乳類
自然
保存
避難
尊敬
復元
ジャングル
生存
貴重

57 - Cidade

薬	ム	ジ	レ	猟	空	ス	タ	ジ	ア	ム	ギ	興	喜
局	絵	グ	釣	ス	港	り	リ	イ	大	学	ャ	喜	法
ラ	シ	図	店	活	ト	ラ	狩	ク	プ	釣	ラ	イ	サ
狩	書	キ	書	ハ	味	ラ	魔	ン	ダ	ム	リ	ズ	ロ
猟	パ	ジ	猟	館	味	園	ン	ラ	パ	喜	ー	猟	ン
り	法	プ	園	物	動	喜	ベ	ゲ	ダ	ズ	魔	ズ	ン
画	シ	活	キ	博	花	屋	ー	リ	芸	物	イ	ハ	エ
法	エ	ネ	ャ	物	レ	劇	カ	ー	パ	ム	喜	編	レ
味	芸	ゲ	マ	び	陶	場	リ	学	校	び	喜	グ	ャ
釣	喜	興	園	グ	エ	市	ー	猟	影	絵	り	リ	ラ
ス	ー	パ	ー	マ	ー	ケ	ッ	ト	ホ	テ	ル	み	絵
芸	り	ダ	ャ	み	猟	味	ル	キ	プ	釣	レ	編	画
グ	び	ム	影	芸	ー	読	ズ	画	写	り	イ	ル	ャ
画	興	レ	法	ラ	味	エ	編	リ	真	銀	行	グ	び

空港
銀行
図書館
シネマ
学校
スタジアム
薬局
花屋
ギャラリー
ホテル

動物園
書店
市場
博物館
ベーカリー
レストラン
サロン
スーパーマーケット
劇場
大学

58 - Música

ク	ラ	シ	ッ	ク	ミ	ャ	活	物	歌	影	絵	園	コ
イ	読	リ	リ	釣	ュ	猟	レ	ハ	手	ゲ	調	和	ー
マ	ジ	レ	ル	影	ー	園	シ	ゲ	ジ	編	絵	エ	ラ
バ	ャ	陶	ズ	ゲ	ジ	キ	ゼ	グ	動	即	興	シ	ス
ラ	録	園	書	キ	カ	び	ル	影	ゼ	リ	味	猟	ラ
ー	魔	音	釣	シ	ル	カ	ー	ボ	真	ゲ	エ	レ	釣
ド	品	リ	猟	興	書	詩	レ	レ	グ	キ	ジ	読	釣
ダ	物	オ	ペ	ラ	芸	叙	的	リ	リ	テ	写	編	ャ
書	魔	グ	園	プ	ア	情	ャ	ズ	写	ン	物	び	書
陶	活	ル	歌	イ	ル	的	ゼ	ム	パ	ポ	り	リ	イ
芸	ダ	釣	味	う	バ	リ	ー	家	ジ	品	撮	ャ	プ
り	活	び	ン	画	ム	絵	ラ	楽	器	物	ム	イ	品
メ	ロ	デ	ィ	ー	動	影	ム	音	リ	ジ	活	ル	シ
撮	ル	活	り	ム	ズ	魔	プ	ゲ	キ	味	読	ク	味

アルバム
バラード
歌う
歌手
クラシック
コーラス
録音
調和
即興
楽器
叙情的
メロディー
マイク
ミュージカル
音楽家
オペラ
詩的
リズム
テンポ
ボーカル

59 - Matemática

ム	狩	物	ゼ	垂	釣	エ	小	興	ゼ	品	ジ	芸	ボ
撮	周	ハ	シ	直	園	エ	数	狩	ズ	ズ	編	真	リ
ゼ	囲	多	角	形	喜	ゼ	写	円	書	エ	ラ	ム	ュ
り	ゲ	魔	品	キ	読	矩	写	び	周	ジ	ゼ	書	ー
ャ	ン	活	猟	ゲ	び	形	撮	芸	撮	活	動	リ	ム
芸	ハ	ム	ム	絵	レ	釣	ム	活	み	魔	読	り	み
物	ム	ー	画	園	ズ	ズ	対	称	ラ	猟	法	ゼ	ゲ
画	書	エ	動	品	ム	グ	方	ハ	興	分	数	び	画
編	キ	ダ	ゲ	魔	書	算	程	編	猟	プ	幾	エ	影
グ	園	び	ャ	魔	指	術	式	エ	ャ	ダ	リ	何	真
形	辺	四	行	平	園	数	ー	書	園	品	ク	ー	学
角	度	和	平	釣	法	読	ャ	影	画	パ	魔	芸	み
三	ダ	動	ラ	エ	ル	陶	書	絵	び	ダ	陶	真	ャ
ゲ	釣	ル	直	径	半	ラ	芸	真	ゲ	ラ	狩	リ	品

算術
角度
円周
小数
直径
方程式
指数
分数
幾何学
平行

平行四辺形
周囲
垂直
多角形
半径
矩形
対称
三角形
ボリューム

60 - Saúde e Bem Estar #1

リ	骨	影	影	治	狩	筋	肉	パ	魔	影	動	物	エ
ャ	ラ	キ	グ	法	療	反	射	撮	撮	骨	読	法	ー
レ	芸	ク	編	画	診	療	所	編	絵	折	グ	釣	撮
物	撮	ー	ゼ	真	神	喜	エ	ル	ル	ズ	シ	陶	ハ
ル	み	猟	り	ー	経	グ	ン	プ	物	絵	み	り	ズ
み	陶	編	パ	ャ	シ	シ	影	レ	ー	動	興	パ	パ
ム	ス	釣	ャ	医	影	ョ	読	習	読	法	編	姿	リ
ホ	ル	モ	ン	者	細	菌	ン	慣	写	ジ	ャ	勢	ハ
釣	イ	レ	陶	写	ャ	動	猟	興	エ	法	絵	キ	喜
ジ	ウ	ア	ク	テ	ィ	ブ	肌	猟	み	ャ	ズ	ャ	法
猟	書	パ	動	び	影	法	法	ー	魔	狩	書	撮	画
ク	品	狩	魔	ラ	猟	ム	ー	エ	魔	イ	高	さ	写
プ	釣	エ	ク	ル	ズ	み	狩	ラ	園	撮	ン	書	ゲ
園	薬	局	飢	餓	び	芸	物	品	撮	ゲ	プ	法	釣

高さ
アクティブ
細菌
診療所
医者
薬局
飢餓
骨折
習慣

ホルモン
筋肉
神経
姿勢
反射
リラクゼーション
治療
ウイルス

61 - Natureza

サ	ダ	写	ン	芸	書	グ	釣	レ	ゲ	び	ゼ	書	ジ
ン	砂	漠	ン	パ	ゲ	リ	ム	り	狩	プ	ャ	撮	ジ
ク	パ	ー	り	み	猟	蜂	リ	品	釣	レ	絵	ク	ゲ
チ	園	ゼ	葉	ル	リ	品	レ	芸	ゼ	写	ズ	猟	り
ュ	シ	パ	真	プ	エ	陶	キ	芸	ク	味	ー	侵	食
ア	レ	ク	撮	美	陶	ハ	ジ	真	ゲ	リ	物	プ	編
リ	ラ	リ	興	し	園	ト	グ	み	リ	影	動	的	読
ク	ル	活	ゲ	さ	法	ダ	ロ	森	ン	プ	狩	魔	パ
ー	ル	穏	絵	り	ラ	重	狩	ピ	猟	ー	撮	園	ゼ
編	み	や	エ	写	読	要	喜	魔	カ	タ	び	野	生
ル	編	か	ダ	品	魔	川	ム	写	平	ル	ラ	霧	狩
興	エ	氷	編	ジ	ル	ゲ	釣	エ	和	ェ	ン	グ	北
エ	イ	河	パ	ン	エ	園	書	狩	ゲ	シ	パ	ジ	極
影	イ	猟	雲	ゲ	レ	プ	ジ	陶	シ	り	レ	活	活

シェルター
動物
北極
美しさ
砂漠
動的
侵食
氷河
平和
サンクチュアリ
野生
穏やか
トロピカル
重要

62 - A Empresa

シ	決	シ	ク	陶	品	革	物	ジ	魔	ー	編	り	り
グ	定	エ	リ	書	質	新	猟	猟	グ	グ	イ	真	物
味	ル	可	エ	グ	読	的	ド	物	味	グ	猟	ズ	活
単	味	能	イ	プ	レ	ゼ	ン	テ	ー	シ	ョ	ン	法
位	び	性	テ	収	益	グ	レ	読	ジ	イ	グ	り	業
エ	パ	エ	ィ	品	グ	影	ト	興	投	ダ	芸	ム	界
法	真	写	ブ	法	真	魔	園	ク	グ	資	活	ン	ム
ル	画	り	評	喜	ジ	園	法	レ	ル	ズ	活	陶	み
真	ゲ	絵	ゼ	判	製	プ	ャ	リ	り	プ	プ	ダ	り
リ	び	進	捗	雇	品	ゼ	ン	ソ	法	編	魔	エ	グ
ダ	ス	パ	ラ	用	味	ル	バ	ー	ロ	グ	書	興	芸
プ	レ	ク	レ	興	び	真	物	ス	プ	プ	ゼ	ゲ	写
ク	陶	リ	喜	ビ	ジ	ネ	ス	シ	影	猟	ゼ	ゼ	魔
り	活	キ	シ	画	撮	書	写	喜	び	影	編	ラ	ク

プレゼンテーション
クリエイティブ
決定
雇用
グローバル
業界
革新的
投資
ビジネス
可能性
製品
プロ
進捗
品質
収益
リソース
評判
リスク
トレンド
単位

63 - Aviões

さ	高	芸	喜	ム	み	ー	動	編	び	ム	ダ	ル	ズ
興	度	ゲ	狩	び	プ	建	影	絵	パ	写	膨	パ	ン
ン	写	編	園	影	ズ	設	み	ゲ	レ	動	ら	ゲ	狩
プ	動	冒	険	ャ	シ	喜	プ	ゲ	写	動	ま	ー	園
ャ	影	ム	絵	猟	ム	読	パ	ズ	空	気	せ	燃	パ
ー	写	釣	パ	パ	絵	撮	ク	パ	書	釣	る	料	イ
ク	ル	ー	パ	旅	客	バ	エ	ル	ゲ	降	下	喜	ロ
キ	編	ル	歴	写	ハ	ル	プ	キ	影	ー	猟	ジ	ッ
イ	雰	囲	気	史	エ	ー	ン	ラ	画	品	猟	水	ト
プ	イ	影	エ	シ	イ	ン	乱	流	陶	ム	ム	読	素
プ	キ	物	ン	読	書	動	読	ハ	パ	動	陶	猟	ダ
法	編	味	ジ	ム	ャ	ー	喜	撮	ク	ジ	法	真	影
書	活	パ	ン	プ	撮	ー	キ	ダ	リ	着	写	影	物
写	ハ	り	画	陶	絵	ャ	活	読	方	向	陸	影	シ

高度
高さ
空気
着陸
雰囲気
冒険
バルーン
燃料
建設
降下
方向
水素
歴史
膨らませる
エンジン
旅客
パイロット
クルー
乱流

64 - Tipos de Cabelo

レ	ラ	陶	陶	法	芸	ゼ	絵	イ	ズ	シ	ブ	短	ル
グ	キ	ン	り	パ	ジ	芸	魔	み	ゼ	ャ	ロ	影	い
芸	園	撮	釣	ル	魔	イ	魔	び	興	編	ン	物	薄
ャ	魔	ラ	法	ム	真	ハ	ン	写	イ	ラ	ド	ハ	動
釣	ダ	画	ラ	有	色	み	ジ	り	編	組	プ	レ	ル
ム	ク	釣	イ	真	茶	び	び	カ	イ	ジ	禿	キ	影
ソ	フ	ト	み	み	ダ	シ	品	ー	元	絵	味	釣	び
レ	ゼ	ャ	撮	ム	興	ャ	ブ	リ	キ	気	エ	絵	読
動	グ	編	園	リ	画	イ	ラ	ー	写	法	画	シ	法
リ	レ	ジ	画	ン	ム	ニ	ッ	釣	真	画	興	影	読
ル	ー	カ	プ	厚	活	ー	ク	ゲ	活	読	り	ダ	書
ラ	絵	魔	陶	み	い	レ	銀	編	ハ	魔	ズ	味	み
ゼ	グ	法	ル	ク	白	り	ゼ	ハ	ン	三	つ	編	み
撮	園	写	書	活	リ	味	キ	リ	び	イ	イ	影	り

白い
シャイニー
カール
グレー
有色
短い
カーリー
薄い
厚い
ブロンド
茶色
ブラック
元気
ドライ
ソフト
編組
三つ編み

65 - Criatividade

ク	読	想	ル	喜	イ	レ	み	画	レ	ラ	シ	法	ズ
釣	活	喜	像	ャ	ン	キ	発	ダ	感	覚	編	法	ン
ビ	ジ	ョ	ン	力	ス	パ	明	自	直	レ	び	味	狩
グ	芸	術	的	活	ピ	絵	ゲ	狩	ー	イ	物	ク	書
ク	写	り	び	び	レ	写	編	り	み	物	興	レ	動
ム	画	イ	ム	編	ー	ハ	キ	シ	陶	り	ャ	り	陶
り	像	活	釣	編	シ	書	シ	釣	り	プ	パ	ム	撮
ハ	真	ラ	物	編	ョ	動	シ	活	ル	シ	り	読	ャ
パ	活	編	撮	喜	ン	絵	法	ゼ	画	編	画	グ	喜
法	ー	品	釣	書	み	キ	ジ	プ	画	ン	絵	ジ	グ
パ	劇	表	釣	釣	キ	写	園	狩	ャ	シ	撮	物	ー
工	的	現	強	度	信	真	影	真	ダ	グ	ゲ	撮	印
ハ	書	ス	キ	ル	パ	憑	レ	感	情	ゲ	明	影	象
パ	猟	真	ー	イ	ャ	工	性	流	動	性	快	イ	パ

芸術的
信憑性
明快
劇的
感情
自発
表現
流動性
スキル
画像
想像力
印象
インスピレーション
強度
直感
発明
感覚
ビジョン
活力

66 - Dias e Meses

月	絵	キ	書	木	土	カ	グ	レ	画	グ	陶	釣	真
曜	二	狩	日	曜	水	曜	レ	み	喜	法	ダ	読	画
日	月	六	曜	日	ャ	喜	日	ン	撮	興	年	編	グ
曜	七	レ	日	金	工	週	喜	ゲ	ダ	プ	書	ダ	ハ
火	興	イ	味	曜	キ	ジ	園	五	月	ー	ン	書	み
グ	シ	ダ	味	日	興	ズ	ル	品	絵	ゲ	陶	物	ル
魔	画	芸	喜	ー	ン	び	園	陶	ダ	キ	行	ー	ク
陶	り	ジ	ジ	編	レ	芸	グ	味	グ	り	進	影	プ
ー	書	陶	猟	レ	ン	パ	魔	び	パ	読	び	キ	活
プ	エ	プ	ル	動	工	芸	編	真	レ	レ	キ	び	み
ハ	ジ	陶	リ	狩	ズ	活	ダ	撮	読	シ	画	魔	ク
味	ー	セ	プ	テ	ン	バ	ー	十	ゲ	興	写	び	猟
レ	動	ハ	イ	ン	園	シ	陶	ー	魔	レ	ジ	ー	み
ハ	喜	月	エ	み	狩	動	画	月	園	キ	月	び	パ

エイプリル
八月
カレンダー
日曜日
二月
七月
六月
五月
行進
十一月
水曜日
木曜日
土曜日
月曜日
セプテンバー
金曜日
火曜日

67 - Saúde e Bem Estar #2

重	さ	り	ン	キ	回	ビ	タ	ミ	ン	写	園	マ	み
猟	ハ	興	影	書	血	復	ダ	イ	エ	ッ	ト	ッ	ジ
エ	リ	味	び	書	動	リ	パ	パ	リ	狩	狩	サ	ズ
ー	ネ	ャ	ジ	影	ダ	芸	書	ダ	法	魔	ャ	ー	プ
活	喜	ル	ハ	ダ	ム	ゼ	芸	ジ	び	グ	ズ	ジ	病
釣	ク	ー	ギ	ル	レ	ア	み	パ	陶	書	シ	分	気
絵	ズ	法	ダ	ー	リ	ロ	カ	園	り	リ	食	画	エ
ゲ	ズ	画	感	ク	り	狩	画	読	グ	編	欲	魔	猟
ラ	り	ズ	染	動	ャ	シ	ゲ	び	画	ー	影	ゲ	イ
ク	遺	ダ	興	び	ハ	ン	釣	画	び	ズ	撮	プ	り
み	伝	ズ	釣	解	法	物	魔	り	影	真	物	び	エ
り	学	ャ	ジ	剖	ル	病	味	ク	ン	園	物	ー	ダ
ダ	ン	衛	生	学	ズ	イ	院	元	消	化	ー	喜	陶
体	猟	ン	リ	喜	画	興	編	気	動	影	陶	動	法

アレルギー
解剖学
食欲
カロリー
ダイエット
消化
病気
エネルギー
遺伝学
衛生
病院
気分
感染
マッサージ
重さ
回復
元気
ビタミン

68 - Geografia

ラ	味	海	エ	絵	ゲ	撮	園	ム	ャ	ア	釣	法	画
法	ズ	ゲ	洋	魔	大	撮	園	魔	絵	ト	り	エ	シ
読	園	動	ジ	キ	陸	世	界	川	ー	ラ	撮	び	グ
び	ジ	喜	喜	画	味	シ	ク	ゲ	撮	ス	編	ル	ズ
真	画	芸	り	狩	り	ジ	イ	喜	ゼ	喜	釣	釣	り
釣	陶	ゲ	動	ー	猟	ハ	ル	動	ャ	編	ラ	シ	芸
法	ム	み	絵	ム	キ	法	ー	狩	影	書	狩	ダ	パ
動	魔	西	活	編	ハ	ダ	ラ	ズ	ゼ	写	エ	イ	南
市	猟	ズ	法	ン	喜	興	ャ	狩	影	イ	狩	海	プ
書	シ	法	ラ	画	物	子	午	線	国	地	陶	読	シ
物	ズ	イ	ャ	ゼ	み	動	品	び	領	図	ム	ズ	興
リ	レ	喜	画	北	半	球	島	ー	ゼ	域	地	イ	園
影	ャ	緯	魔	エ	読	魔	エ	物	活	高	度	芸	山
狩	レ	り	度	品	読	活	シ	動	喜	ラ	キ	グ	ク

高度
アトラス
大陸
半球
緯度
地図
子午線
世界
海洋
領域
地域

69 - Antártica

ミ	芸	シ	ラ	法	狩	ロ	プ	書	興	物	半	氷	プ
レ	ネ	書	品	書	レ	ッ	画	絵	ラ	釣	島	河	真
狩	シ	ラ	研	究	者	キ	ベ	写	キ	ク	陶	書	び
書	画	動	ル	ラ	キ	ー	写	イ	び	喜	パ	シ	ン
書	物	書	ャ	魔	科	学	的	真	環	境	陶	ル	真
影	パ	リ	興	ハ	入	り	江	移	行	キ	ダ	書	編
書	画	り	地	ダ	ン	レ	遠	ペ	ン	ギ	ン	ル	ャ
法	ル	興	理	ン	喜	ズ	征	狩	ル	園	芸	編	芸
ン	ー	パ	釣	エ	キ	ン	影	み	み	ゼ	味	読	グ
リ	み	喜	画	興	ー	ダ	み	ャ	釣	園	魔	ク	ク
味	魔	動	読	水	画	影	狩	レ	地	形	ル	動	キ
キ	味	ン	編	ン	ル	ゼ	品	編	リ	読	保	全	ャ
画	画	エ	ラ	み	グ	物	読	み	ャ	大	陸	プ	グ
温	度	リ	編	ン	び	陶	パ	ー	画	影	法	イ	ズ

環境
ベイ
科学的
保全
大陸
入り江
遠征
氷河
地理
研究者
移行
ミネラル
半島
ペンギン
ロッキー
温度
地形

70 - Flores

花	喜	ラ	釣	百	ジ	ャ	ス	ミ	ン	キ	グ	牡	読
束	喜	動	イ	合	芸	び	デ	ク	ロ	ー	バ	ー	丹
ム	み	絵	陶	ラ	ー	魔	イ	芸	エ	ダ	ピ	み	ャ
喜	物	シ	書	法	ッ	リ	ジ	ゼ	味	ン	キ	ポ	ー
物	リ	動	影	陶	び	ク	ー	陶	ゼ	ベ	陶	ン	イ
グ	み	ジ	味	喜	エ	絵	品	園	猟	ラ	ル	ク	狩
ズ	ル	物	ム	イ	ゲ	プ	読	釣	ク	び	シ	狩	編
読	ゼ	み	味	エ	キ	ル	タ	狩	法	み	動	魔	ハ
ひ	ま	わ	り	ル	蘭	メ	ン	撮	ー	ゲ	画	読	ハ
画	ラ	レ	リ	釣	マ	リ	ポ	グ	影	レ	び	ク	イ
品	陶	釣	真	園	グ	ア	ポ	ャ	釣	花	り	チ	ビ
画	法	ル	り	パ	ノ	編	び	り	ズ	弁	リ	ナ	ス
ク	み	レ	み	ク	リ	チ	ュ	ー	リ	ッ	プ	シ	カ
釣	書	み	興	リ	ア	ラ	真	り	撮	ジ	グ	グ	ス

花束
タンポポ
クチナシ
ひまわり
ハイビスカス
ジャスミン
ラベンダー
ライラック
百合

マグノリア
デイジー
ポピー
牡丹
花弁
プルメリア
クローバー
チューリップ

71 - Fazenda #1

ゼ	レ	味	ル	猟	ラ	ジ	動	ム	書	興	フ	パ	ふ
パ	園	釣	エ	ー	動	ダ	読	ロ	グ	エ	ィ	牛	く
イ	書	ゲ	ゼ	興	興	陶	撮	撮	バ	狩	ー	グ	ら
ク	り	書	写	び	レ	リ	絵	ズ	影	イ	ル	写	は
カ	ャ	レ	興	喜	蜂	肥	料	影	書	び	ド	蜂	ぎ
ラ	ジ	品	農	業	蜜	ダ	パ	芸	レ	み	猟	興	陶
ス	書	ジ	芸	ヤ	キ	レ	ズ	ン	園	猟	編	猟	釣
シ	イ	イ	ゼ	ギ	ダ	シ	ハ	活	画	ム	ズ	ラ	ズ
キ	撮	馬	興	撮	陶	グ	プ	猟	み	ラ	芸	釣	絵
味	撮	犬	園	ハ	り	ハ	ー	ゲ	ク	び	ハ	エ	ム
ゲ	フ	キ	猟	狩	み	影	ダ	ダ	編	ン	ヘ	魔	魔
ー	釣	ェ	ー	パ	写	興	チ	グ	真	物	撮	イ	絵
法	釣	水	ン	ャ	群	狩	キ	ジ	編	ン	ラ	ャ	レ
猫	豚	影	ラ	ス	れ	ャ	ン	活	ン	ハ	園	米	ャ

農業
ふくらはぎ
ロバ
ヤギ
フィールド
フェンス
カラス
ヘイ
肥料
チキン
蜂蜜
群れ

72 - Livros

動	シ	ズ	ン	ョ	シ	ク	レ	コ	物	物	真	真	イ
関	連	す	る	活	ン	リ	編	ゲ	ゼ	ダ	ン	イ	ダ
喜	猟	ラ	画	冒	険	シ	ー	タ	ク	ラ	ャ	キ	ラ
二	重	性	書	か	れ	た	リ	ズ	詩	味	イ	ラ	絵
ラ	画	パ	び	読	喜	陶	ー	パ	興	キ	レ	パ	釣
興	グ	イ	ム	ハ	パ	画	ト	キ	味	び	園	エ	法
び	ム	び	り	ー	陶	魔	ス	キ	喜	真	品	釣	魔
読	み	ル	ハ	ジ	ム	法	ラ	エ	猟	狩	び	レ	プ
レ	者	グ	魔	歴	狩	読	猟	法	グ	ク	ナ	言	葉
エ	ピ	ッ	ク	史	著	者	文	学	影	活	レ	品	写
狩	悲	小	ダ	的	シ	写	編	シ	ン	影	ー	り	パ
法	劇	読	説	狩	真	ダ	ペ	猟	ー	リ	タ	活	写
シ	的	物	ム	狩	ー	ズ	ー	発	明	真	ー	法	ム
物	ン	ハ	イ	絵	品	真	ジ	ラ	影	リ	物	味	ー

著者
冒険
コレクション
二重性
書かれた
エピック
ストーリー
歴史的
発明
読者
文学
ナレーター
言葉
ページ
キャラクター
関連する
小説
シリーズ
悲劇的

73 - Chocolate

芸	陶	ゲ	写	ム	キ	陶	カ	レ	プ	ラ	味	活	興
法	魔	み	リ	コ	陶	レ	ロ	シ	動	リ	グ	狩	真
エ	カ	カ	オ	コ	成	分	リ	ピ	お	気	に	入	り
絵	キ	法	イ	ナ	キ	カ	ー	香	り	動	読	ー	ゼ
狩	撮	ゾ	猟	ッ	ク	影	ラ	動	興	絵	影	読	ム
魔	ゲ	画	チ	ツ	味	ン	シ	メ	職	人	酸	み	撮
り	動	釣	ャ	ッ	喜	真	狩	猟	ル	ピ	化	絵	り
ゲ	動	シ	喜	ク	ク	レ	真	品	法	ー	防	喜	読
絵	リ	グ	キ	読	パ	イ	ゼ	陶	ゲ	ナ	止	パ	興
芸	動	ラ	芸	絵	画	グ	ー	物	び	ッ	剤	ム	猟
品	ル	陶	パ	ー	プ	甘	粉	影	苦	ツ	書	レ	砂
影	質	ズ	魔	ン	活	い	動	読	い	書	動	興	糖
み	ク	味	み	ン	撮	活	イ	ャ	味	ハ	猟	ー	ズ
レ	び	美	味	し	い	エ	影	ゼ	ャ	ル	ム	イ	シ

砂糖
苦い
ピーナッツ
酸化防止剤
香り
職人
カカオ
カロリー
カラメル
ココナッツ
美味しい
甘い
エキゾチック
お気に入り
成分
品質
レシピ

74 - Governo

興	写	政	法	ム	平	真	写	活	ク	陶	真	動	動
ゲ	キ	治	律	エ	ズ	等	ャ	法	ジ	真	魔	ラ	ー
品	エ	撮	キ	グ	陶	ク	動	ジ	リ	司	法	法	法
ム	園	喜	ー	み	り	猟	シ	ン	ボ	ル	憲	グ	ハ
シ	ハ	り	ジ	ク	絵	法	み	読	パ	魔	絵	陶	味
品	ゼ	法	影	パ	芸	自	画	イ	プ	画	イ	び	猟
釣	ゲ	ャ	狩	状	態	由	エ	画	リ	ラ	影	猟	猟
釣	興	ー	興	真	プ	動	権	ク	ダ	読	ジ	ム	読
み	魔	プ	写	び	り	魔	市	民	リ	ー	ダ	ー	エ
芸	ダ	議	園	シ	び	園	猟	ク	市	品	み	イ	編
国	品	ス	論	興	ム	び	平	記	念	碑	品	写	活
家	法	ピ	狩	レ	レ	画	和	正	義	主	主	民	独
ラ	品	ー	ワ	パ	書	み	レ	ダ	芸	興	ズ	釣	立
プ	グ	チ	ク	グ	書	真	レ	活	動	ー	エ	パ	画

市民権
市民
憲法
民主主義
スピーチ
議論
状態
平等
独立
司法
正義
法律
自由
リーダー
記念碑
国家
平和
パワー
政治
シンボル

75 - Jardinagem

ハ	陶	工	魔	写	釣	ハ	プ	味	ー	興	リ	影	絵
猟	釣	写	真	レ	葉	読	狩	撮	シ	書	ラ	味	ム
物	興	ム	撮	レ	ー	び	編	ャ	読	び	水	リ	園
喜	活	品	ク	真	絵	び	オ	芸	り	イ	分	品	り
釣	グ	ジ	絵	読	釣	ス	ー	ホ	画	品	書	パ	魔
植	芸	水	レ	書	束	花	チ	レ	ク	芸	園	ハ	書
物	び	品	プ	イ	み	釣	ャ	品	釣	画	品	釣	ャ
芸	猟	ゲ	ン	品	ズ	エ	ー	魔	陶	撮	興	ラ	ハ
キ	園	パ	ャ	ズ	泥	活	ド	気	候	書	動	り	興
ャ	芸	エ	プ	魔	ン	ハ	フ	味	写	土	物	物	活
プ	子	種	レ	季	堆	肥	ロ	味	影	り	ダ	影	影
ャ	真	芸	動	節	味	読	ー	食	園	品	ズ	品	ム
エ	キ	ゾ	チ	ッ	ク	動	ラ	ズ	用	ク	容	グ	リ
動	真	物	編	真	シ	喜	ル	園	パ	キ	器	グ	シ

植物
花束
気候
食用
堆肥
エキゾチック
フローラル
ホース
オーチャード
容器
季節
種子
水分

76 - Profissões #2

エ	ン	ジ	ニ	ア	み	動	ャ	読	味	絵	猟	ダ	法
真	パ	シ	読	歯	ハ	り	宇	ラ	シ	影	写	エ	り
編	イ	ハ	シ	リ	医	芸	研	宙	ダ	画	プ	猟	園
影	ロ	写	ャ	釣	園	者	究	イ	飛	影	釣	ー	ル
ダ	ッ	書	ャ	ダ	釣	真	者	ラ	農	行	法	写	真
グ	ト	ス	リ	ナ	ー	ャ	ジ	ス	家	魔	士	パ	芸
ー	書	ラ	芸	び	芸	撮	り	ト	ク	ム	撮	グ	ク
み	び	プ	書	品	ラ	イ	パ	レ	ラ	ハ	司	書	狩
エ	ラ	品	編	味	ク	ズ	ズ	ー	物	魔	ム	芸	ー
シ	ク	プ	発	ジ	者	レ	シ	タ	み	医	ゲ	ク	ゲ
品	パ	ジ	明	者	学	哲	び	ー	ャ	科	師	絵	庭
ハ	ゲ	ハ	者	学	物	生	編	味	ゼ	外	画	家	師
ル	ク	ダ	喜	語	動	先	活	味	書	画	ム	真	品
絵	影	絵	シ	言	ズ	パ	シ	写	ル	陶	品	写	法

農家
宇宙飛行士
司書
生物学者
外科医
歯医者
エンジニア
哲学者
写真家
イラストレーター
発明者
研究者
庭師
ジャーナリスト
言語学者
医師
パイロット
画家
先生
動物学者

77 - Negócios

喜	工	金	ジ	り	ク	ゲ	エ	キ	プ	ズ	ズ	喜	通
喜	釣	場	融	雇	び	予	魔	真	園	割	ハ	写	貨
画	編	ラ	興	用	費	算	画	魔	興	引	ル	ク	撮
ク	真	グ	書	者	猟	編	キ	び	ク	ハ	陶	芸	狩
ジ	写	真	ゼ	法	写	陶	ル	経	済	学	猟	ク	ル
所	び	味	ズ	プ	経	歴	魔	会	ー	ズ	り	ャ	ム
得	ル	陶	編	投	商	ル	パ	社	販	り	物	リ	ハ
オ	フ	ィ	ス	資	品	お	金	活	売	従	物	み	ン
ー	影	ラ	法	パ	エ	ズ	読	編	影	園	業	プ	ク
絵	ラ	品	魔	物	パ	ャ	ャ	真	レ	品	陶	員	パ
ハ	物	ラ	キ	ラ	ゲ	グ	イ	味	ー	絵	写	活	陶
シ	興	ム	園	店	陶	影	ズ	魔	魔	真	喜	猟	真
興	活	ジ	品	影	編	活	影	釣	ラ	利	益	興	び
ャ	ズ	物	芸	ジ	み	リ	み	税	金	写	ズ	ジ	園

経歴
費用
割引
お金
経済学
従業員
雇用者
会社
オフィス
工場
金融
税金
投資
利益
商品
通貨
予算
所得
販売

78 - Fazenda #2

陶	ミ	ル	ク	リ	ジ	農	狩	ト	リ	ゲ	動	写	真
ゼ	ー	真	ラ	物	画	ラ	家	ラ	影	ク	羊	子	パ
味	羊	狩	ド	芸	蜂	マ	ゼ	ク	品	ダ	飼	み	び
画	ダ	ン	ー	コ	の	陶	シ	タ	撮	キ	い	喜	ゼ
画	編	ガ	ャ	芸	巣	ラ	グ	ー	プ	喜	ゲ	ダ	陶
小	麦	活	チ	オ	オ	ム	ギ	レ	写	リ	パ	芸	釣
園	パ	釣	ー	ョ	リ	芸	撮	園	書	陶	法	び	物
味	シ	釣	オ	リ	ウ	ラ	ル	芸	ジ	動	物	ハ	法
ズ	喜	キ	ダ	ラ	ン	ア	撮	ハ	ゼ	ラ	園	シ	味
ャ	み	喜	喜	キ	陶	ヒ	猟	野	ゼ	撮	写	読	真
法	影	キ	画	ツ	ー	ル	フ	菜	み	グ	パ	イ	法
牧	ン	灌	漑	園	写	エ	ク	動	納	屋	キ	読	イ
草	レ	み	ル	キ	狩	ル	ー	園	物	パ	ク	狩	リ
地	法	ン	ャ	芸	興	り	ー	写	写	狩	写	物	び

農家
動物
納屋
オオムギ
蜂の巣
子羊
フルーツ
ガチョウ
灌漑
ミルク
ラマ
コーン
羊飼い
アヒル
オーチャード
牧草地
トラクター
小麦
野菜

79 - Jardim

味	ン	ガ	ゼ	影	品	ム	興	ズ	影	池	プ	ダ	り
釣	ン	ハ	レ	ド	ー	フ	ゼ	シ	撮	画	喜	陶	書
書	ク	絵	味	ー	り	ェ	法	ー	庭	園	ー	シ	土
活	ク	喜	喜	ャ	ジ	ン	喜	園	み	テ	ジ	エ	ム
ブ	ッ	シ	ュ	チ	木	ス	ー	ホ	り	芸	ラ	釣	狩
ダ	モ	み	ハ	ー	ハ	り	狩	キ	味	工	園	ス	エ
ン	ン	び	み	オ	ル	エ	ダ	狩	真	読	キ	釣	り
魔	ハ	み	ジ	写	芸	編	狩	パ	影	法	編	狩	ク
書	シ	動	熊	ラ	り	シ	ャ	ベ	ル	撮	ベ	ン	チ
パ	イ	雑	手	ジ	写	物	活	撮	活	陶	ル	リ	ー
イ	園	園	草	ラ	シ	影	ル	芝	生	画	撮	ポ	ポ
書	ク	撮	み	ハ	猟	り	ン	読	釣	ゼ	ハ	ン	喜
ジ	ゲ	花	狩	読	活	パ	キ	写	ハ	味	り	ラ	ク
ム	グ	陶	味	真	陶	ム	ム	品	園	影	ン	ト	ル

熊手
ブッシュ
ベンチ
フェンス
雑草
ガレージ
芝生
ハンモック
ホース
シャベル
オーチャード
テラス
トランポリン
ポーチ

80 - Oceano

キ	エ	カ	ズ	編	レ	イ	ム	園	ト	喜	絵	動	イ
魔	影	キ	シ	書	真	み	ル	ラ	ー	コ	ー	真	ル
ハ	塩	潮	汐	物	レ	影	波	カ	ボ	真	魔	カ	芸
狩	ダ	プ	画	撮	写	魔	り	動	真	喜	レ	グ	メ
ン	芸	ル	ハ	り	写	た	カ	ラ	写	物	ジ	魔	ハ
パ	ジ	陶	興	ジ	ン	こ	ニ	び	ラ	ダ	ラ	う	レ
み	ム	絵	リ	芸	リ	読	鮫	活	撮	撮	猟	な	ク
エ	ビ	影	シ	写	エ	猟	動	画	狩	読	ジ	ぎ	ラ
味	ス	ポ	ン	ジ	釣	リ	魚	ン	興	パ	狩	リ	ゲ
魔	ゼ	魔	キ	芸	レ	ー	キ	法	喜	喜	喜	ー	画
ジ	ル	法	ム	パ	読	喜	狩	魔	影	釣	影	フ	キ
ゼ	鯨	キ	ャ	真	パ	絵	プ	狩	園	影	陶	イ	魔
絵	ム	陶	ツ	び	グ	書	絵	ダ	ゼ	魔	法	レ	釣
レ	動	活	ゼ	ナ	ダ	嵐	ム	り	ン	レ	り	ゼ	リ

ツナ
ボート
エビ
カニ
コーラル
うなぎ
スポンジ

イルカ
潮汐
クラゲ
カキ
たこ
リーフ
カメ

81 - Profissões #1

ー	レ	品	影	動	踊	ゲ	魔	ジ	絵	猟	ー	ム	ダ
ラ	天	ー	ム	動	り	レ	撮	味	ン	猟	猟	ル	味
イ	グ	文	工	大	子	法	ジ	ー	イ	ア	ン	び	び
猟	パ	撮	学	使	物	地	シ	喜	写	ー	み	シ	イ
心	理	学	者	者	宝	図	消	防	士	テ	ラ	狩	陶
編	集	者	編	学	石	製	獣	医	書	ィ	ゼ	ズ	品
書	ハ	読	プ	質	商	作	ー	釣	ト	ス	ニ	ア	ピ
魔	キ	猟	ラ	地	ャ	者	配	プ	リ	ト	科	学	者
グ	イ	陶	読	編	銀	釣	管	動	味	写	セ	園	リ
シ	狩	物	ク	プ	絵	行	工	真	ジ	味	ー	シ	品
ハ	リ	ハ	ム	味	興	リ	家	看	護	婦	ラ	品	ー
影	猟	プ	ン	味	画	動	楽	弁	ゼ	法	ー	園	写
び	写	品	動	タ	ラ	読	音	護	読	写	絵	ラ	喜
シ	興	魔	写	キ	ー	活	ダ	士	編	動	び	プ	ゲ

弁護士
アーティスト
天文学者
銀行家
消防士
ハンター
地図製作者
科学者
踊り子
編集者
大使
配管工
看護婦
地質学者
宝石商
セーラー
音楽家
ピアニスト
心理学者
獣医

82 - Força e Gravidade

ラ	び	ユ	ニ	バ	ー	サ	ル	動	拡	ゼ	影	ハ	エ
ゲ	び	物	軸	画	パ	書	ダ	的	張	釣	パ	ク	ャ
読	絵	絵	味	ム	芸	ー	動	リ	ラ	り	読	パ	レ
プ	ロ	パ	テ	ィ	惑	星	影	距	リ	撮	イ	ル	真
リ	読	キ	ル	真	真	ジ	ゼ	離	磁	味	絵	り	び
活	ク	ダ	味	園	ル	レ	絵	絵	気	真	興	物	シ
活	書	真	ン	キ	ク	興	ズ	ラ	グ	芸	ゼ	理	ジ
軌	び	マ	喜	法	物	ー	み	釣	法	味	読	学	カ
ル	道	グ	ム	釣	み	ル	パ	ダ	ャ	ダ	イ	パ	ズ
び	ゼ	ニ	発	圧	力	味	影	ラ	摩	編	エ	狩	ズ
影	パ	チ	見	ダ	読	レ	ャ	響	擦	ラ	プ	ゲ	品
品	レ	ュ	編	動	ズ	撮	影	狩	魔	重	さ	速	活
時	間	ー	タ	ン	セ	撮	品	リ	レ	喜	ラ	ク	度
絵	ャ	ド	ハ	活	ン	ダ	法	陶	キ	芸	ハ	ラ	喜

摩擦
センター
発見
動的
距離
拡張
物理学
影響
磁気
マグニチュード
力学
軌道
重さ
惑星
圧力
プロパティ
速度
時間
ユニバーサル

83 - Abelhas

ン	生	書	撮	イ	動	多	ン	植	品	書	狩	魔	ワ
び	態	リ	園	イ	煙	様	ハ	物	生	息	地	ク	ッ
シ	系	物	陶	ダ	み	性	喜	撮	ズ	び	ャ	ズ	ク
物	グ	キ	ゼ	ャ	フ	味	び	ゼ	陶	み	魔	リ	ス
ズ	動	有	釣	ム	ル	パ	り	活	興	真	ゼ	エ	ハ
写	ラ	益	グ	動	ー	ゲ	芸	書	魔	ク	シ	魔	絵
ハ	太	陽	法	撮	ツ	狩	物	狩	釣	イ	群	魔	法
釣	品	釣	イ	花	リ	み	巣	喜	レ	陶	れ	物	ャ
法	釣	陶	シ	喜	画	ク	箱	魔	ゼ	ラ	翼	ジ	ハ
魔	ク	エ	物	レ	リ	り	昆	真	撮	影	ャ	絵	キ
影	書	ダ	ム	ズ	園	プ	ャ	虫	花	レ	撮	ム	魔
品	喜	影	り	び	法	画	絵	び	粉	法	狩	撮	ゼ
ダ	絵	女	ズ	パ	庭	ゲ	読	ダ	猟	品	活	影	撮
蜂	蜜	王	釣	芸	物	味	ー	動	シ	び	ラ	園	陶

有益
ワックス
巣箱
多様性
生態系
群れ
フルーツ

生息地
昆虫
蜂蜜
植物
花粉
女王
太陽

84 - Ciência

気	候	キ	書	読	品	び	釣	リ	猟	味	ハ	陶	ミ
研	究	室	工	絵	物	エ	ム	読	品	薬	学	化	ネ
び	ゃ	動	シ	味	プ	ズ	リ	編	ゲ	喜	工	石	ラ
び	魔	陶	ゼ	工	狩	猟	園	写	園	ゃ	重	グ	ル
喜	狩	プ	事	実	真	キ	画	活	原	子	力	プ	プ
画	グ	写	み	ジ	物	び	キ	グ	釣	ク	陶	釣	写
影	活	工	興	プ	写	ゼ	品	イ	ゼ	影	猟	ゃ	ゼ
プ	ル	ズ	り	画	キ	プ	ム	イ	狩	レ	読	自	絵
ゲ	狩	ン	プ	陶	味	真	ー	仮	真	ル	ダ	然	読
ハ	観	察	陶	興	ズ	真	影	芸	説	デ	味	パ	ラ
ハ	狩	絵	狩	ダ	レ	イ	レ	粒	撮	ー	植	読	シ
方	キ	絵	撮	科	ー	ル	法	子	ラ	タ	ー	物	生
法	法	分	子	学	理	物	ハ	ゼ	法	ハ	り	リ	法
編	写	絵	狩	者	進	化	ハ	パ	園	キ	法	狩	画

原子
科学者
気候
データ
進化
事実
物理学
化石
重力
仮説
研究室
方法
ミネラル
分子
自然
観察
生物
粒子
植物
化学薬品

85 - Cores

茶	園	書	編	ゲ	写	エ	ゼ	書	物	ハ	リ	陶	ー
ン	色	セ	ラ	白	い	レ	物	写	り	絵	ラ	喜	品
ズ	味	ピ	プ	ア	ダ	品	ベ	エ	画	釣	キ	ダ	魔
ハ	園	ア	ズ	シ	レ	読	ー	レ	エ	品	編	り	写
ー	物	影	ズ	ク	ア	ク	ジ	ン	レ	オ	紫	喜	影
リ	読	書	興	フ	レ	ン	ュ	真	画	び	緑	レ	ラ
び	撮	読	プ	読	ク	ピ	リ	写	画	物	真	ゼ	び
写	興	マ	撮	グ	リ	読	陶	赤	エ	物	猟	ム	ハ
書	ム	ゼ	芸	り	ム	芸	び	グ	絵	芸	影	り	法
園	猟	ン	魔	エ	ゾ	パ	イ	レ	ル	ン	釣	キ	喜
プ	品	タ	狩	真	ン	ー	パ	ー	物	法	動	興	狩
ー	ゼ	バ	イ	オ	レ	ッ	ト	影	撮	法	み	読	読
物	ダ	味	キ	プ	ブ	ラ	ッ	ク	釣	法	真	青	り
影	黄	色	画	園	ャ	ム	プ	グ	ク	ズ	イ	興	ズ

黄色
ベージュ
白い
クリムゾン
シアン
グレー
フクシア
オレンジ
マゼンタ
茶色
ブラック
ピンク
セピア
バイオレット

86 - Comida #1

び	編	芸	リ	ャ	喜	ミ	味	バ	園	サ	ラ	ダ	釣
落	花	生	ゼ	ラ	び	ル	写	ジ	ラ	喜	芸	ハ	エ
ア	プ	リ	コ	ッ	ト	ク	パ	ル	画	編	レ	書	魔
ニ	ン	ニ	ク	グ	り	味	ン	魔	猟	ズ	喜	シ	編
ジ	法	猟	撮	真	ム	魔	り	喜	法	ハ	エ	ハ	ャ
レ	画	ャ	塩	編	画	動	ャ	ダ	魔	編	ン	レ	画
喜	り	ハ	撮	び	陶	エ	物	エ	ム	ツ	モ	モ	に
陶	写	絵	狩	猟	キ	ダ	び	グ	シ	ン	ナ	ン	ん
書	イ	編	リ	園	ー	プ	品	猟	園	動	シ	ラ	じ
キ	砂	苺	ラ	ャ	ダ	み	ほ	う	れ	ん	草	ク	ん
編	糖	シ	カ	ジ	シ	ジ	ュ	ー	ス	プ	真	狩	ゼ
イ	ャ	シ	ゼ	ブ	オ	オ	ム	ギ	ズ	ケ	ー	キ	ハ
ム	釣	レ	ル	ル	読	び	イ	喜	キ	園	真	ス	ク
ン	影	ジ	興	園	パ	玉	葱	絵	パ	撮	活	興	画

砂糖
ニンニク
落花生
ツナ
ケーキ
シナモン
玉葱
にんじん
オオムギ
アプリコット
ほうれん草
ミルク
レモン
バジル
カブ
サラダ
スープ
ジュース

87 - Geometria

陶	リ	陶	セ	ダ	グ	写	活	プ	魔	ル	編	レ	影
芸	ャ	ダ	グ	ー	ゲ	釣	猟	ズ	ラ	味	ゼ	ル	ム
ャ	み	ダ	メ	魔	質	読	ー	ジ	興	品	リ	陶	法
高	さ	垂	ン	ラ	量	ム	ャ	陶	ゼ	真	キ	グ	絵
パ	読	直	ト	物	喜	興	パ	喜	シ	エ	狩	芸	ム
読	魔	興	書	活	ゼ	品	ゼ	り	ク	芸	ャ	画	ム
三	リ	園	真	ク	喜	ラ	魔	写	グ	絵	法	パ	ハ
度	角	味	表	方	論	直	パ	シ	活	興	ク	り	次
ャ	真	形	面	程	理	レ	径	シ	ゼ	真	円	理	元
ル	グ	ム	ズ	式	真	興	プ	プ	書	ハ	編	ダ	論
対	称	計	絵	ダ	真	エ	園	パ	グ	エ	ジ	画	水
芸	キ	算	ク	絵	ン	園	平	行	中	り	品	び	平
興	ク	キ	ャ	ム	ー	割	ハ	リ	央	エ	写	釣	レ
曲	線	狩	真	喜	パ	合	影	レ	値	読	ム	影	ゼ

高さ
角度
計算
曲線
直径
次元
方程式
水平
論理
質量
中央値
平行
割合
セグメント
対称
表面
理論
三角形
垂直

88 - Pássaros

グ	ア	リ	ナ	カ	ム	オ	ー	ン	法	写	読	ム	プ
活	カ	ヒ	カ	プ	プ	オ	リ	ャ	り	画	ク	り	ム
リ	狩	モ	ル	ッ	ル	ハ	ャ	写	ハ	リ	芸	イ	写
影	影	ゴ	メ	活	コ	シ	真	物	芸	イ	ャ	メ	物
画	ペ	ン	ギ	ン	ラ	ウ	卵	ラ	品	喜	陶	ズ	ゲ
品	物	ミ	サ	キ	白	鳥	園	陶	ゲ	カ	ラ	ス	ジ
味	孔	ラ	ャ	チ	活	ズ	園	り	魔	写	真	物	興
絵	雀	フ	ー	シ	ン	ハ	ム	リ	読	魔	ハ	ペ	魔
ハ	ダ	チ	ョ	ウ	ク	シ	ン	ラ	園	ダ	ム	リ	影
釣	園	コ	ウ	ノ	ト	リ	オ	ウ	ム	エ	釣	カ	ラ
ガ	チ	ョ	ウ	写	真	喜	陶	狩	ル	ラ	園	ン	興
み	狩	読	シ	び	品	猟	シ	写	鷲	品	読	絵	キ
ジ	り	ー	グ	味	ム	喜	品	釣	エ	ラ	陶	画	法
陶	影	エ	み	絵	活	興	画	法	キ	芸	ハ	芸	ゲ

ダチョウ
カナリア
コウノトリ
白鳥
カラス
カッコウ
フラミンゴ
チキン
カモメ
ガチョウ
サギ
オウム
スズメ
アヒル
孔雀
ペリカン
ペンギン
オオハシ

89 - Literatura

パ	撮	ゼ	芸	魔	ハ	画	ゲ	動	品	絵	画	み	芸
シ	ゲ	活	ャ	類	推	グ	ダ	魔	ダ	真	物	ン	ム
ー	ー	キ	び	ル	分	編	シ	ジ	興	プ	ジ	ハ	ナ
芸	影	動	芸	動	析	品	芸	味	法	活	パ	品	レ
フ	ィ	ク	シ	ョ	ン	結	リ	ズ	ム	興	著	者	ー
絵	説	ー	狩	ル	ジ	活	論	詩	狩	ャ	釣	ャ	タ
ー	明	韻	グ	シ	ー	芸	猟	リ	画	陶	真	ジ	ー
テ	ー	マ	リ	興	エ	興	エ	み	イ	レ	真	ゲ	編
ズ	ー	ダ	品	喜	撮	読	ン	芸	ー	読	写	写	読
ス	び	ル	ゼ	キ	写	ー	写	小	説	悲	劇	興	ル
喩	タ	真	ズ	グ	ハ	イ	興	動	味	物	撮	パ	イ
比	読	イ	プ	伝	記	逸	ラ	絵	品	喜	キ	物	釣
キ	較	喜	ル	興	ジ	話	園	絵	イ	編	活	ゼ	意
び	ム	興	興	ー	編	対	ー	猟	ジ	陶	ズ	ゲ	見

類推
分析
逸話
著者
伝記
比較
結論
説明
対話

スタイル
フィクション
比喩
ナレーター
意見
リズム
小説
テーマ
悲劇

90 - Química

イ	オ	ン	ハ	猟	法	ム	ル	ダ	書	物	魔	分	子
ダ	ガ	ス	喜	リ	味	酵	素	影	絵	ク	ラ	ラ	電
ゲ	法	ダ	レ	法	園	喜	ー	プ	炭	素	酸	ク	み
ア	ル	カ	リ	性	エ	味	ラ	絵	ル	塩	有	ラ	味
キ	喜	シ	ー	味	リ	興	ダ	レ	ラ	ラ	機	動	芸
ン	画	ム	味	ク	ラ	パ	び	グ	物	編	ン	リ	活
猟	写	水	パ	釣	重	法	液	パ	エ	リ	エ	真	ク
芸	り	プ	素	狩	さ	び	ズ	体	園	ャ	パ	猟	興
芸	猟	画	要	書	陶	写	喜	触	ダ	写	温	グ	物
リ	活	味	撮	画	ゲ	ダ	ゼ	芸	媒	熱	度	味	法
み	パ	絵	真	園	猟	真	陶	動	ン	み	ク	物	園
ジ	撮	写	猟	芸	ク	活	真	レ	ム	ン	リ	核	キ
酸	芸	ャ	ズ	ズ	ゲ	ク	編	リ	ズ	シ	ハ	ー	ゲ
味	物	ダ	猟	ハ	動	ラ	園	ャ	物	編	編	ゼ	み

アルカリ性
炭素
触媒
塩素
要素
電子
酵素
ガス
水素
イオン
液体
分子
有機
酸素
重さ
温度

91 - Clima

レ	ゼ	喜	ジ	ル	ー	書	稲	妻	画	真	シ	ハ	写
り	真	パ	活	写	極	性	ト	狩	味	物	絵	リ	猟
雲	ズ	撮	パ	影	パ	釣	ロ	気	囲	雰	ャ	ケ	り
そ	よ	風	陶	ン	芸	園	ピ	ハ	候	法	空	ー	絵
モ	ン	ス	ー	ン	狩	狩	カ	氷	ゼ	温	度	ン	リ
真	キ	イ	り	プ	グ	猟	ル	ク	撮	興	ー	画	魔
ダ	ク	撮	シ	ク	パ	動	ャ	パ	ハ	ジ	芸	み	リ
ゲ	エ	ム	グ	活	編	法	リ	イ	イ	猟	雷	真	味
園	り	ゲ	び	喜	ド	ハ	み	芸	狩	書	イ	興	ジ
ク	ル	書	法	パ	芸	ラ	レ	ー	芸	び	ハ	シ	ー
エ	ゼ	釣	み	ゲ	竜	霧	イ	喜	旱	グ	ー	絵	喜
味	嵐	レ	び	撮	巻	ゼ	影	読	魃	グ	リ	影	イ
み	影	風	動	影	ジ	り	陶	エ	シ	興	リ	物	虹
猟	シ	物	ル	読	ジ	法	シ	釣	ゲ	ン	ハ	ャ	活

雰囲気
そよ風
気候
ハリケーン
モンスーン
極性
稲妻
旱魃
ドライ
温度
竜巻
トロピカル

92 - Tecnologia

読	び	絵	ャ	デ	キ	レ	イ	絵	狩	園	猟	エ	ル
シ	狩	研	究	ジ	ー	セ	ッ	メ	ク	ト	レ	真	書
ジ	魔	パ	ゲ	タ	ー	デ	画	ラ	リ	ッ	陶	ズ	味
エ	安	全	ス	ル	イ	ウ	レ	面	パ	ネ	イ	品	狩
統	計	グ	パ	魔	ソ	コ	ン	ピ	ュ	ー	タ	画	写
ル	み	ロ	ダ	影	シ	ー	動	ゲ	イ	タ	ム	書	味
ャ	ゼ	ブ	ラ	ウ	ザ	ャ	カ	パ	園	ン	園	ャ	興
写	ト	芸	メ	書	真	書	味	ル	み	イ	動	ク	イ
イ	ン	パ	カ	釣	読	ズ	ム	ハ	ル	レ	釣	法	味
影	ォ	ラ	ゼ	プ	レ	バ	影	ジ	び	ャ	影	芸	ク
ソ	フ	ト	ウ	ェ	ア	イ	み	ク	パ	り	釣	園	味
釣	狩	ラ	味	画	喜	ト	プ	ダ	猟	ゼ	編	興	ダ
ャ	フ	ァ	イ	ル	法	芸	仮	喜	リ	ハ	釣	影	イ
芸	ー	法	絵	ゲ	ー	読	み	想	ン	レ	品	喜	ム

ファイル
ブログ
バイト
カメラ
コンピュータ
カーソル
データ
デジタル
統計
フォント

インターネット
メッセージ
ブラウザ
研究
安全
ソフトウェア
画面
仮想
ウイルス

93 - Arte

リ	気	物	編	絵	絵	編	パ	ル	ボ	ン	シ	ム	イ
レ	分	猟	物	レ	リ	活	プ	釣	ク	ズ	ュ	味	読
活	ズ	写	彫	刻	グ	真	園	編	画	ャ	ル	動	猟
リ	シ	真	詩	喜	喜	描	ク	み	園	狩	レ	作	読
味	品	個	絵	絵	み	猟	く	繁	雑	読	ア	成	法
絵	写	人	イ	ム	ー	リ	写	パ	ハ	ラ	リ	芸	り
画	ム	的	構	物	た	れ	さ	ヤ	イ	パ	ス	ン	イ
ゼ	魔	ム	品	成	セ	シ	ー	ゲ	イ	猟	ム	キ	活
オ	リ	ジ	ナ	ル	ラ	味	絵	キ	ジ	エ	リ	魔	キ
ハ	絵	ー	動	ア	ミ	正	直	レ	書	び	ャ	ラ	物
レ	シ	画	陶	ュ	ッ	ダ	陶	法	絵	キ	表	現	品
グ	絵	ゲ	ム	ジ	ク	釣	ク	り	ゲ	イ	キ	喜	び
喜	ダ	画	魔	ビ	ラ	シ	ク	動	件	狩	園	芸	園
撮	パ	シ	リ	び	園	活	園	み	名	ゼ	絵	ラ	真

セラミック
繁雑
構成
作成
彫刻
表現
正直
気分
インスパイヤされた
オリジナル
個人的
絵画
描く
シンボル
件名
シュルレアリスム
ビジュアル

94 - Diplomacia

喜	画	ラ	人	芸	ク	ラ	エ	イ	ャ	シ	ク	リ	コ
撮	読	ク	道	レ	ジ	ル	リ	法	解	り	イ	芸	ミ
大	使	館	主	興	芸	シ	シ	狩	プ	像	ー	動	ュ
み	リ	物	義	ゼ	ハ	園	猟	画	ャ	ン	度	ダ	ニ
品	真	ク	者	条	ラ	び	ン	動	市	ズ	書	外	テ
整	合	性	び	約	ク	写	ズ	ム	み	民	猟	交	ィ
活	真	写	真	ゲ	撮	ダ	狩	ゼ	品	読	対	レ	品
陶	品	ル	み	顧	ン	シ	イ	編	品	狩	芸	立	イ
グ	イ	ダ	レ	問	協	カ	ダ	写	法	ズ	リ	狩	ラ
園	園	書	政	狩	編	倫	編	ク	魔	品	狩	絵	安
影	魔	プ	府	エ	影	理	プ	プ	ラ	パ	り	み	全
り	キ	ー	ゼ	正	ル	政	治	議	論	影	興	シ	真
言	語	大	使	義	釣	画	シ	味	エ	エ	喜	書	ゼ
ダ	び	ク	ゼ	ジ	法	ジ	猟	キ	リ	み	真	解	決

市民
コミュニティ
対立
顧問
協力
外交
議論
大使館
大使
倫理

政府
人道主義者
整合性
正義
言語
政治
解像度
安全
解決
条約

95 - Comida # 2

ア	ー	ゲ	ハ	ク	ジ	キ	チ	喜	品	び	ダ	ズ	編
ー	ゲ	パ	り	芸	撮	ャ	ン	ョ	活	チ	ー	ズ	興
テ	米	興	レ	法	興	撮	ー	リ	コ	ッ	ロ	ブ	魔
ィ	ム	法	動	り	読	魔	園	び	ノ	レ	プ	茄	ジ
チ	ー	み	ク	写	ャ	動	ア	パ	キ	ジ	ー	猟	子
ョ	魚	興	エ	ダ	シ	ゼ	ッ	プ	喜	編	リ	ト	絵
ー	ル	卵	ヨ	撮	撮	小	プ	興	ル	狩	ェ	マ	イ
ク	物	影	ー	リ	ク	麦	ル	バ	読	リ	チ	ト	葡
活	品	物	グ	ハ	み	プ	り	ハ	ナ	猟	影	キ	萄
ハ	ム	動	ル	釣	猟	陶	イ	キ	エ	ナ	プ	プ	真
ラ	園	ズ	ト	ズ	絵	チ	み	り	編	グ	読	法	物
み	芸	動	絵	イ	ウ	キ	レ	物	ア	ー	モ	ン	ド
絵	ダ	グ	ハ	ゼ	写	ン	猟	ジ	ゼ	釣	芸	真	撮
ル	喜	ダ	ャ	パ	写	み	ル	レ	活	読	ダ	ル	イ

アーティチョーク
アーモンド
バナナ
茄子
ブロッコリー
チェリー
チョコレート
キノコ
チキン
ヨーグルト
キウイ
アップル
ハム
チーズ
トマト
小麦
葡萄

96 - Universo

び	小	惑	星	喜	読	動	活	写	編	読	ャ	リ	釣
天	文	学	者	雰	ジ	品	プ	猟	園	り	リ	レ	品
り	緯	度	ン	リ	囲	経	度	喜	喜	画	地	平	線
狩	み	リ	動	ダ	ー	気	空	魔	太	書	赤	道	ゼ
び	び	真	興	魔	プ	ダ	釣	リ	陽	喜	影	レ	キ
ム	ダ	ャ	パ	芸	園	芸	真	ル	ン	シ	至	点	ゲ
釣	ク	月	ラ	キ	目	写	リ	ク	り	陶	絵	レ	物
ゾ	デ	ィ	ア	ッ	ク	に	銀	河	学	文	天	狩	ク
望	遠	鏡	ン	ン	パ	ゼ	見	活	活	プ	ハ	体	品
コ	ズ	ミ	ッ	ク	写	ラ	ハ	え	エ	グ	影	釣	リ
真	軌	道	興	芸	ム	陶	グ	シ	る	ダ	半	球	ズ
喜	釣	書	画	法	編	園	品	り	ャ	書	ル	ン	シ
ダ	ル	喜	グ	ン	ゲ	影	真	み	ル	撮	ル	ャ	釣
魔	ラ	パ	ジ	影	芸	ダ	パ	味	味	キ	狩	活	ゼ

小惑星
天文学
天文学者
雰囲気
天体
コズミック
赤道
銀河
半球
地平線
緯度
経度
軌道
太陽
至点
望遠鏡
目に見える
ゾディアック

97 - Jazz

品	釣	撮	真	園	キ	り	構	ア	ジ	ャ	ン	ル	パ
シ	エ	真	魔	ラ	レ	歌	成	ル	味	ジ	プ	イ	ー
ク	園	狩	興	ハ	活	動	影	バ	パ	狩	ハ	タ	レ
ャ	読	釣	猟	ク	真	グ	芸	ム	イ	ー	法	ス	強
狩	ク	ズ	パ	ム	ゲ	ル	興	リ	ム	プ	ム	作	調
品	イ	写	ル	撮	写	魔	ダ	ル	イ	絵	プ	曲	パ
ー	興	ジ	影	ム	ラ	音	楽	リ	魔	真	ラ	家	活
リ	新	着	編	物	エ	ア	ー	テ	ィ	ス	ト	画	猟
ズ	ク	ク	興	即	古	ダ	ラ	編	ャ	キ	ス	釣	ル
ム	ラ	ド	味	興	お	い	猟	喜	プ	喜	ケ	活	ゲ
コ	ン	サ	ー	ト	真	気	活	活	パ	グ	ー	写	レ
ハ	品	撮	興	ハ	品	り	に	物	動	エ	オ	グ	書
技	ラ	狩	エ	ゲ	釣	狩	ー	入	書	才	有	名	な
ズ	術	味	陶	味	ラ	活	品	ズ	り	能	エ	絵	魔

アーティスト
アルバム
ドラム
構成
作曲家
コンサート
スタイル
強調
有名な
お気に入り

ジャンル
即興
音楽
新着
オーケストラ
リズム
才能
技術
古い

98 - Barcos

ャ	園	パ	喜	芸	ノ	ー	テ	ィ	カ	ル	カ	ヌ	ー
画	カ	ヤ	ッ	ク	グ	ラ	キ	園	シ	喜	ゲ	写	パ
ラ	り	ン	ダ	魔	ラ	ー	り	ラ	ム	写	撮	画	陶
写	興	活	画	魔	ゲ	セ	ジ	キ	法	ン	動	狩	リ
興	み	エ	編	物	ジ	芸	レ	プ	ク	プ	ク	物	ー
フ	画	ク	陶	動	プ	動	猟	ア	ン	カ	ー	み	み
物	ェ	ム	み	芸	ゼ	海	プ	影	ジ	ヨ	ゲ	ロ	ダ
ャ	影	リ	海	洋	画	猟	撮	喜	ン	ッ	ズ	芸	陶
み	み	ジ	ー	ド	ッ	ク	ク	編	エ	ト	キ	陶	潮
い	か	だ	湖	釣	川	魔	ル	魔	リ	ス	魔	ク	ゼ
ゼ	ハ	リ	ク	び	ク	ハ	ー	ジ	動	マ	波	パ	び
影	書	び	絵	シ	シ	ム	品	ク	読	書	ゼ	ラ	キ
ゲ	イ	ル	園	興	パ	画	シ	ャ	ブ	イ	喜	釣	編
影	ゼ	ル	撮	み	味	真	び	影	芸	ゲ	魔	ハ	ハ

アンカー
フェリー
ブイ
カヤック
カヌー
ロープ
ドック
ヨット
いかだ
セーラー
マスト
エンジン
ノーティカル
海洋
クルー

99 - Mamíferos

芸	真	プ	書	品	釣	釣	真	品	エ	キ	リ	ン	ゼ
ゲ	画	ャ	ジ	パ	ラ	び	イ	キ	エ	み	ゲ	イ	み
ン	釣	リ	ャ	編	猟	猿	絵	画	ラ	編	パ	ン	ク
撮	芸	ー	写	ズ	ラ	ム	読	キ	ャ	芸	ジ	真	味
ャ	狩	リ	魔	イ	画	園	プ	カ	ル	イ	活	ム	絵
ラ	絵	真	ゴ	ゲ	魔	撮	み	ン	メ	喜	撮	ク	キ
イ	釣	真	リ	興	画	シ	園	ガ	ャ	ャ	馬	コ	法
オ	動	ダ	ラ	影	猟	マ	喜	ル	キ	ラ	ジ	ヨ	グ
ン	狐	活	書	ハ	ハ	ウ	レ	ー	羊	魔	芸	ー	ゼ
キ	エ	ダ	動	釣	ゲ	マ	編	バ	園	ブ	ル	テ	撮
う	さ	ぎ	狩	び	真	猟	リ	ー	キ	ル	狼	魔	真
ャ	喜	レ	品	読	喜	真	ム	ビ	真	法	ハ	ム	園
狩	プ	撮	イ	編	芸	動	園	真	画	ハ	ジ	猫	動
味	喜	み	物	鯨	犬	ク	ム	象	喜	ル	み	園	ハ

キャメル
カンガルー
ビーバー
うさぎ
コヨーテ
キリン
イルカ
ゴリラ
ライオン
ブル
シマウマ

100 - Atividades e Lazer

狩	ャ	ゼ	サ	ャ	活	興	狩	写	キ	真	ン	陶	ハ
ラ	び	イ	ッ	ー	バ	ラ	ジ	ク	撮	釣	ン	絵	ゲ
グ	真	レ	カ	ゲ	ハ	ス	シ	物	り	キ	ャ	ン	プ
ン	ィ	フ	ー	サ	イ	写	ケ	園	芸	レ	釣	ゼ	バ
シ	ズ	り	み	法	キ	絵	狩	ッ	野	球	工	画	レ
ク	テ	ダ	喜	パ	ン	画	ン	ク	ト	釣	趣	園	ー
ボ	ニ	ハ	真	び	グ	ン	シ	ー	レ	ボ	味	猟	ボ
画	ス	味	工	旅	ダ	イ	ビ	ン	グ	ト	ー	ア	ー
ゼ	リ	ー	撮	行	釣	書	水	プ	猟	興	狩	ル	ル
園	み	ラ	陶	ク	釣	り	泳	ク	プ	ゴ	び	り	芸
び	キ	キ	ッ	り	ズ	シ	影	り	ラ	ズ	ル	ズ	味
グ	書	影	パ	ク	ル	ク	喜	園	み	キ	シ	フ	真
ー	狩	み	パ	ゲ	ス	イ	釣	書	編	り	ル	猟	プ
画	味	味	編	ジ	工	魔	法	ラ	陶	法	園	陶	ン

キャンプ
アート
バスケットボール
野球
ボクシング
ハイキング
レーシング
サッカー
ゴルフ
趣味
園芸
ダイビング
水泳
釣り
絵画
リラックス
サーフィン
テニス
旅行
バレーボール

1 - Dirigindo

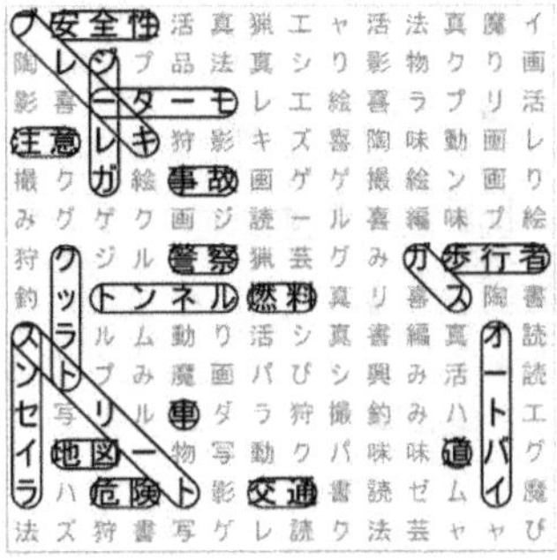

2 - Antiguidades

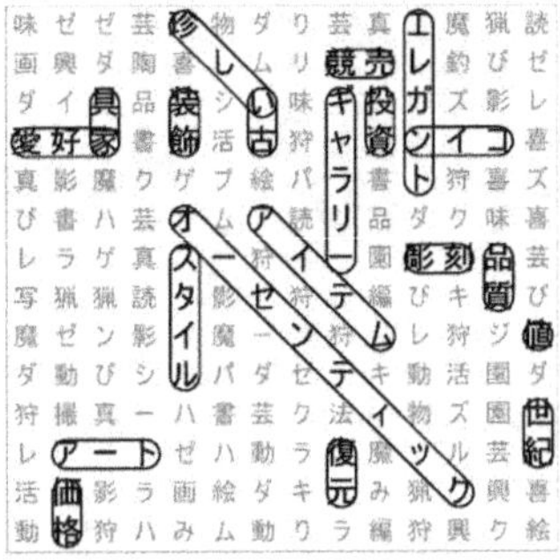

3 - Churrascos

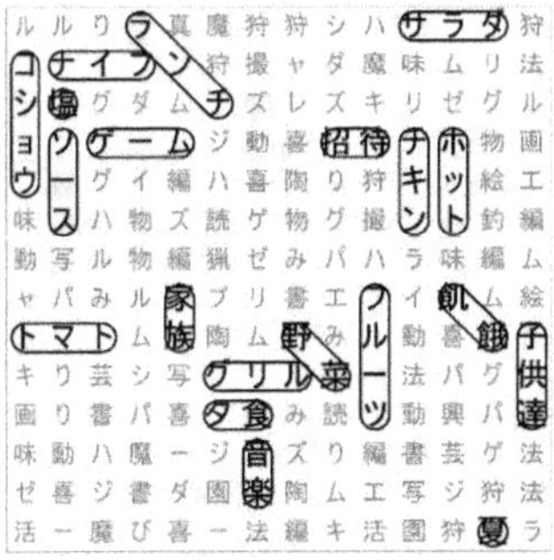

4 - Geologia

5 - Ética

6 - Tempo

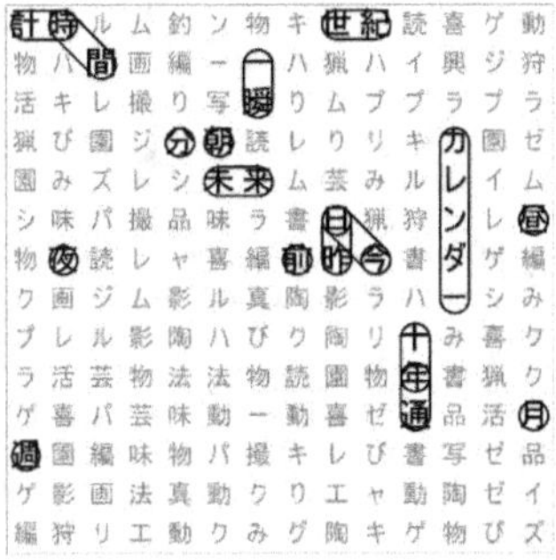

7 - Astronomia

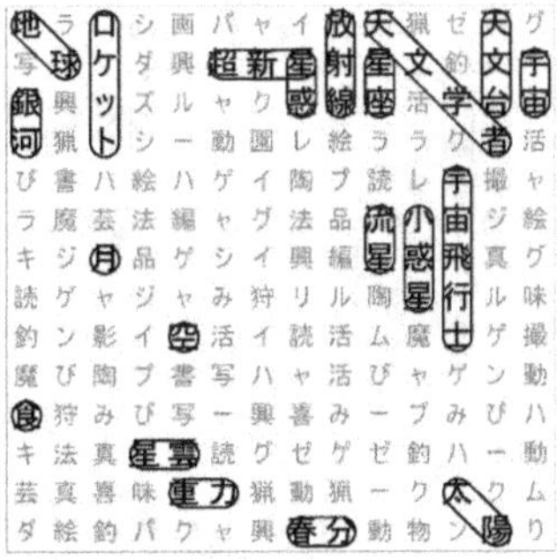

8 - Circo

9 - Acampamento

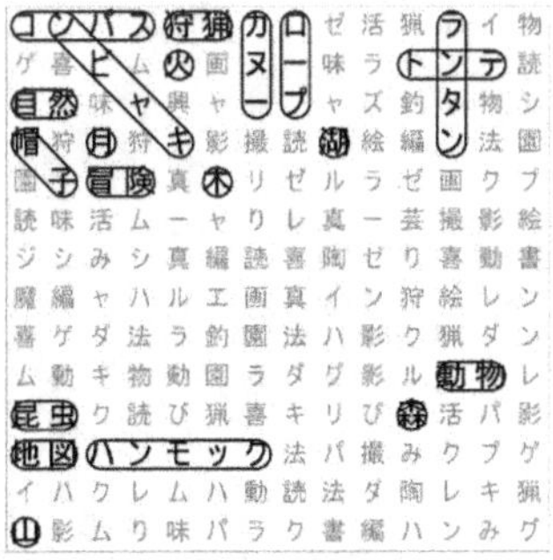

10 - Ficção Científica

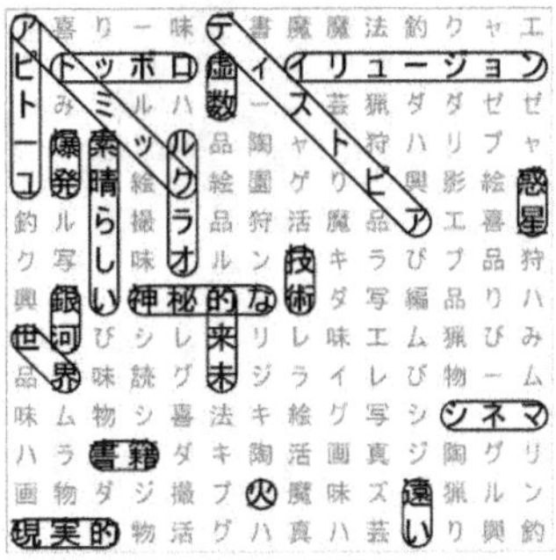

11 - Mitologia

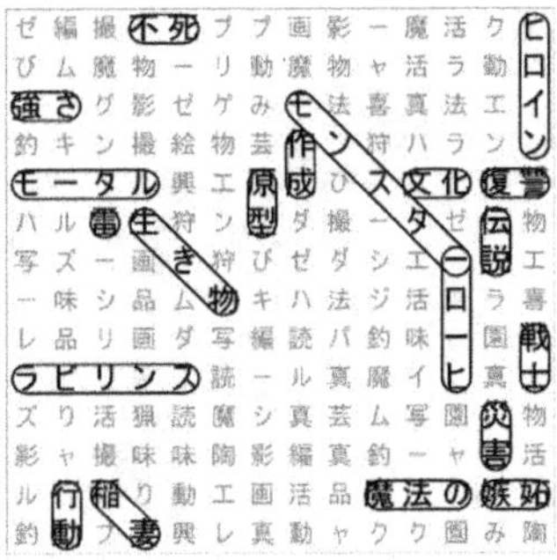

12 - Medições

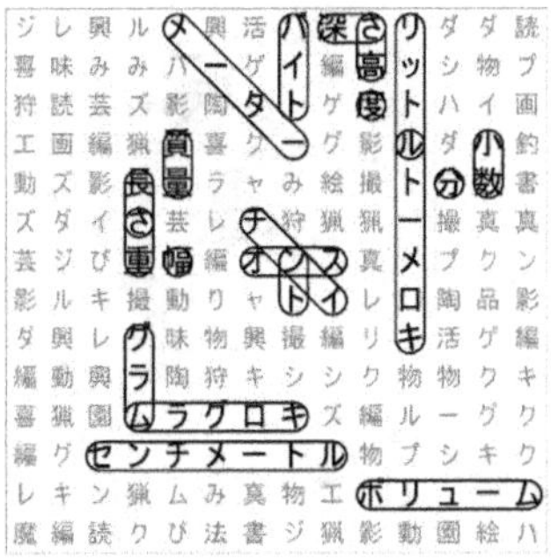

13 - Álgebra

14 - Plantas

15 - Veículos

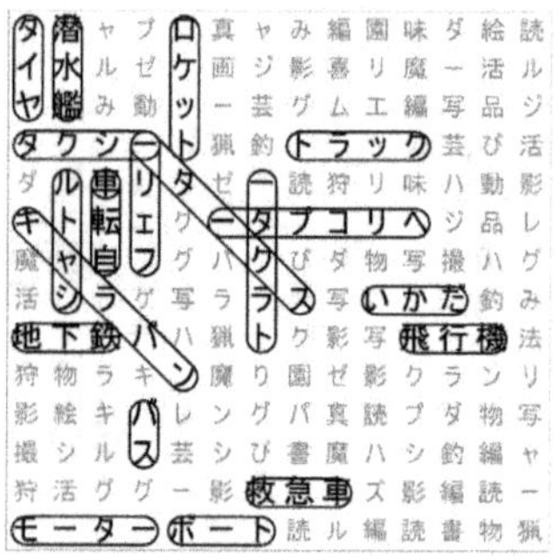

16 - Engenharia

17 - Restaurante #2

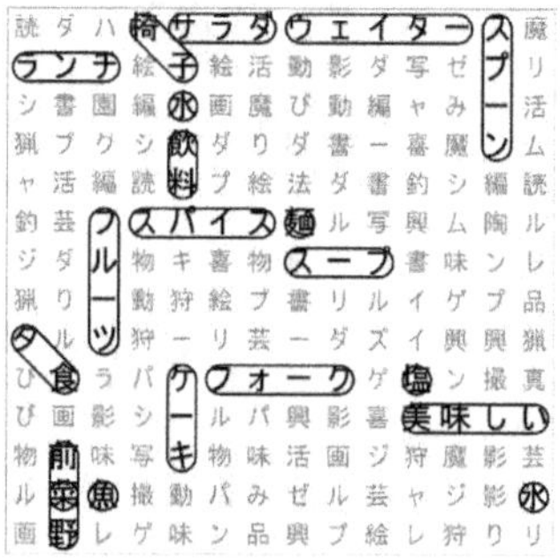

18 - Países #2

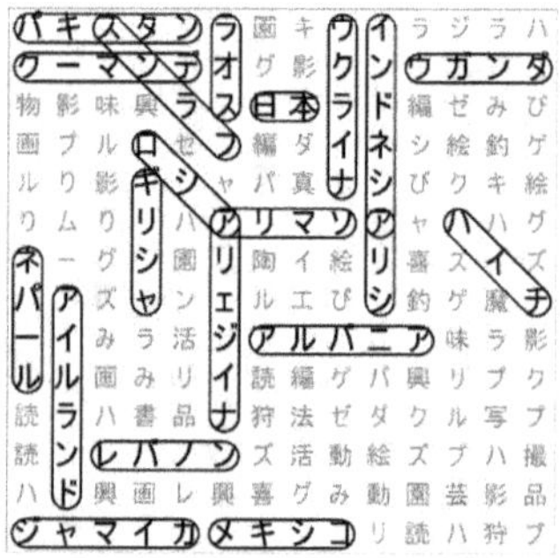

19 - Material de Arte

20 - Números

21 - Física

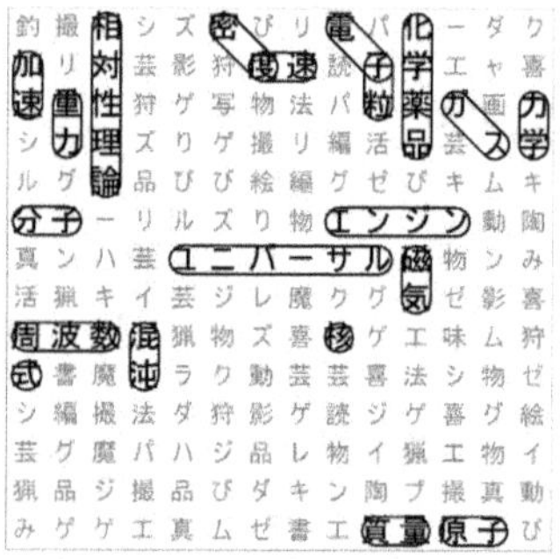

22 - Especiarias

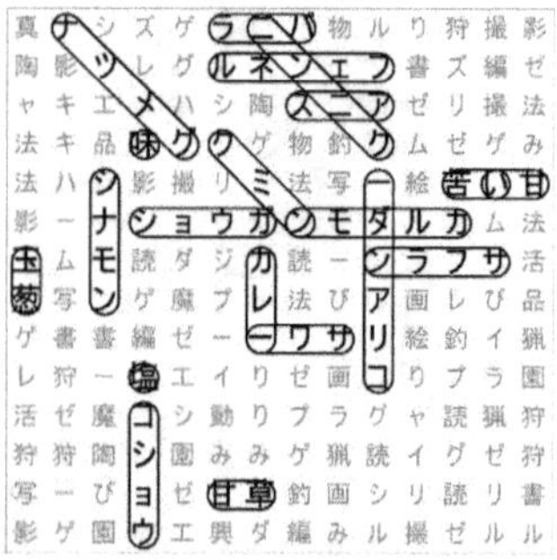

23 - Países #1

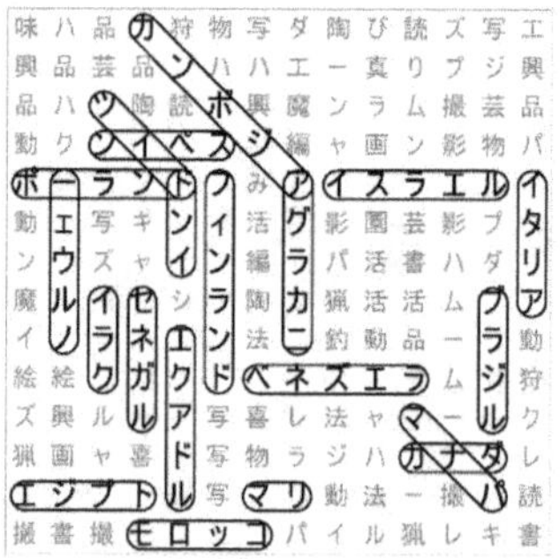

24 - A Mídia

25 - Casa

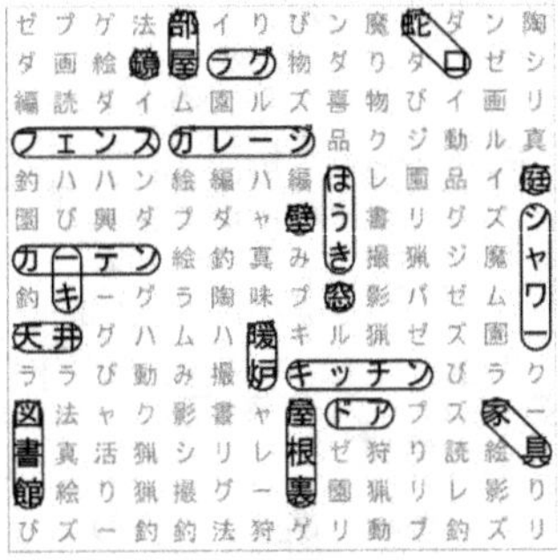

26 - Vegetais

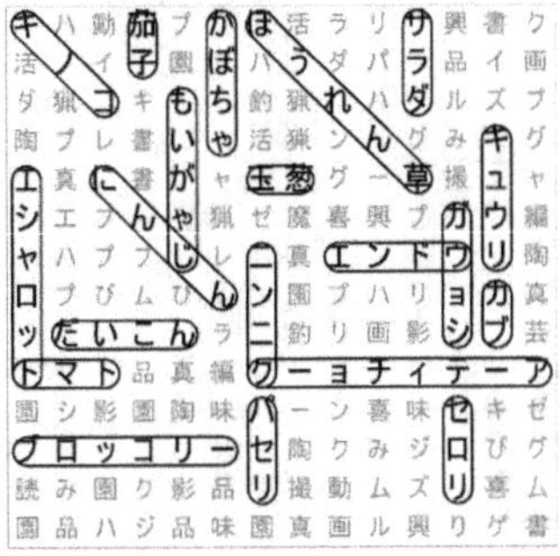

27 - Balé

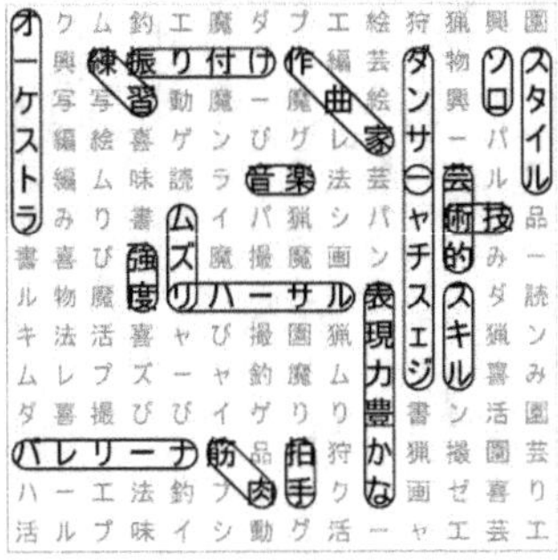

28 - Adjetivos #1

29 - Insetos

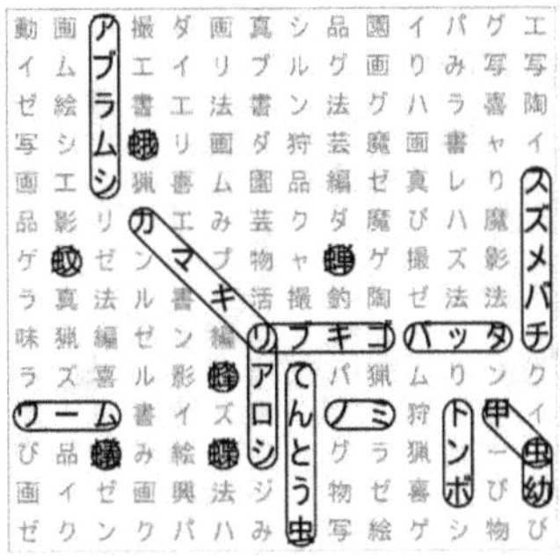

30 - Paisagens

31 - Nutrição

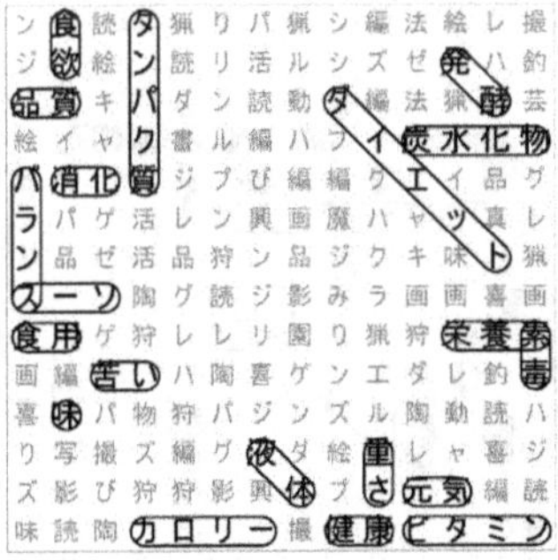

32 - Energia

33 - Disciplinas Científicas

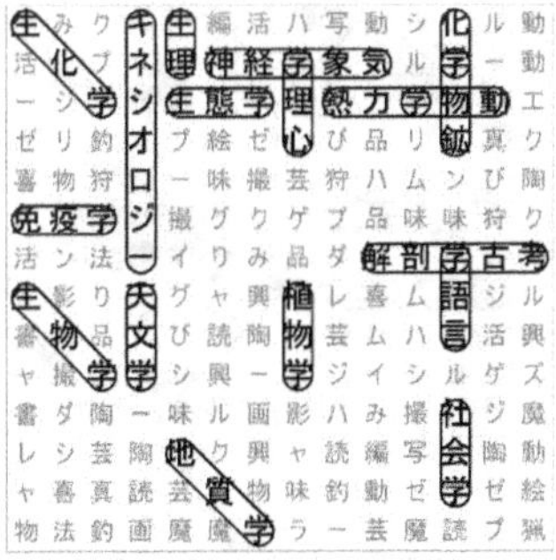

34 - Meditação

35 - Artes Visuais

36 - Moda

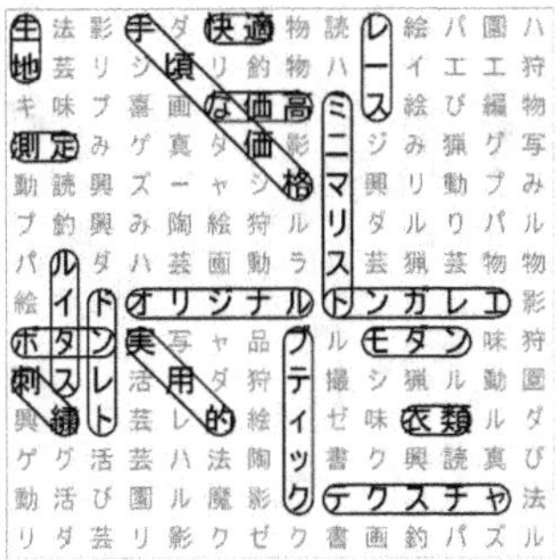

37 - Instrumentos Musicais

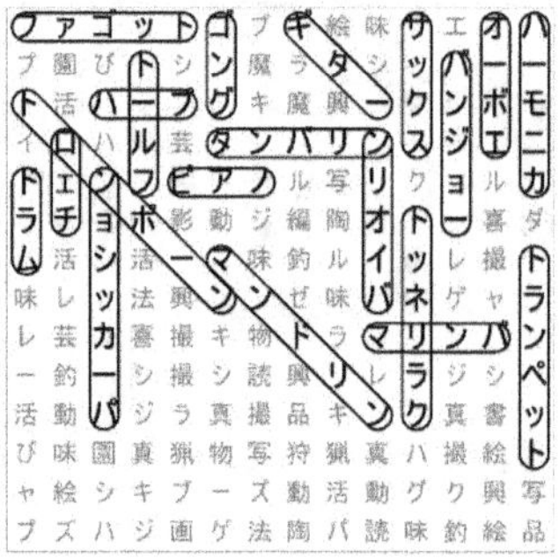

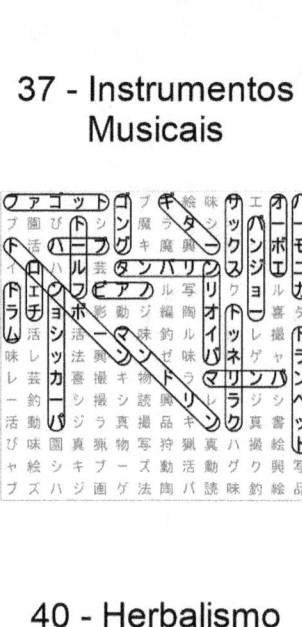

38 - Adjetivos #2

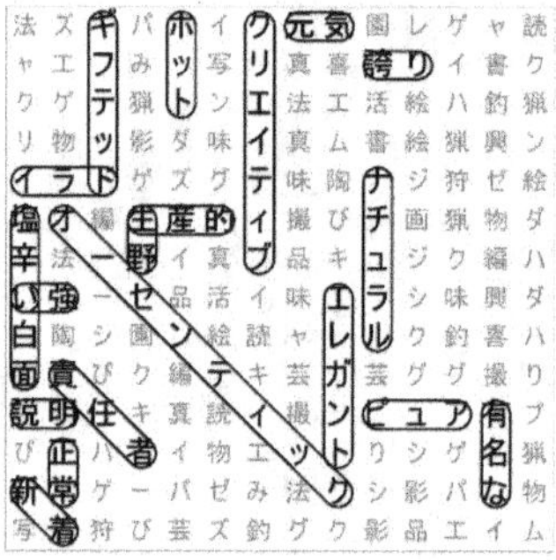

39 - Roupas

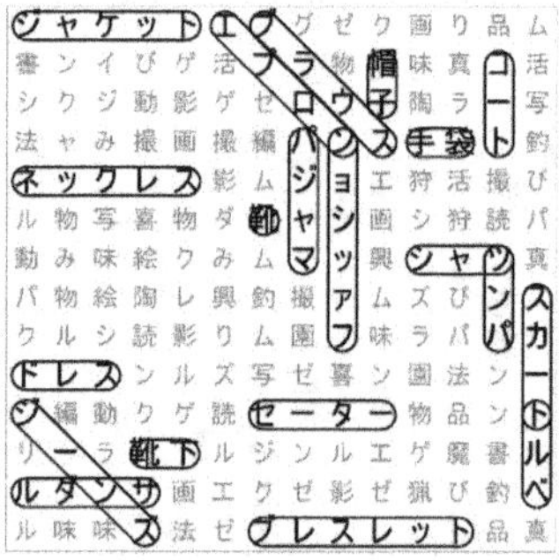

40 - Herbalismo

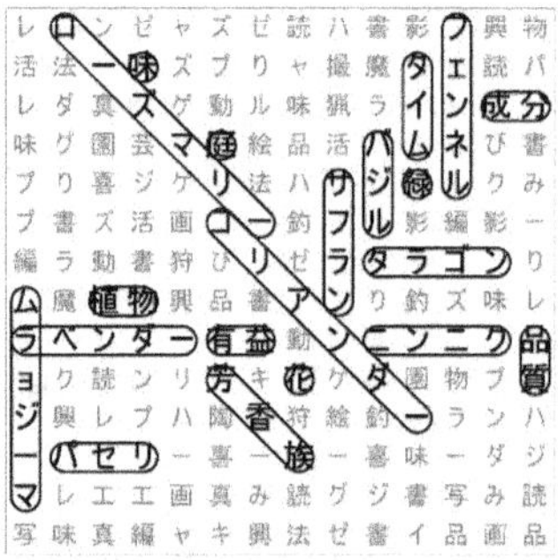

41 - Arqueologia

42 - Esporte

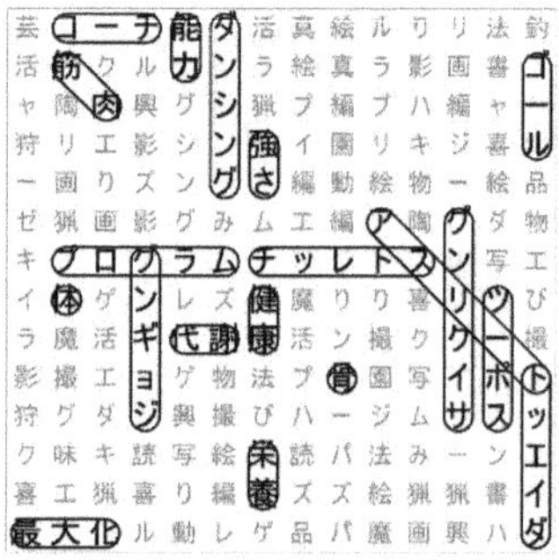

43 - Frutas

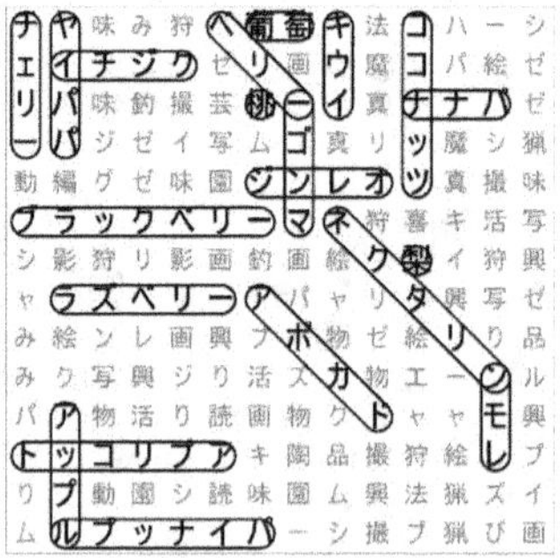

44 - Corpo Humano

45 - Caminhada

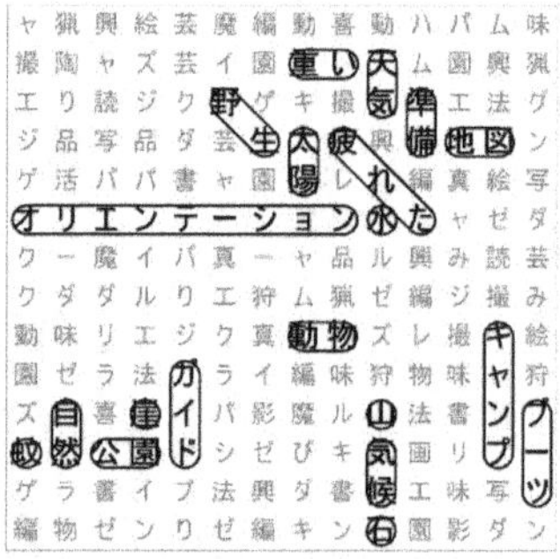

46 - Beleza

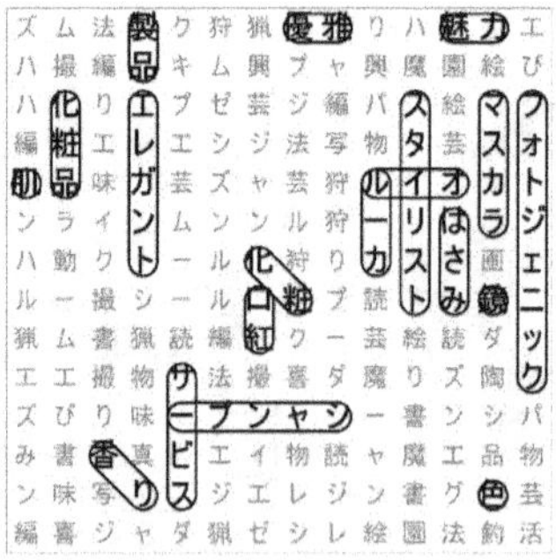

47 - Água

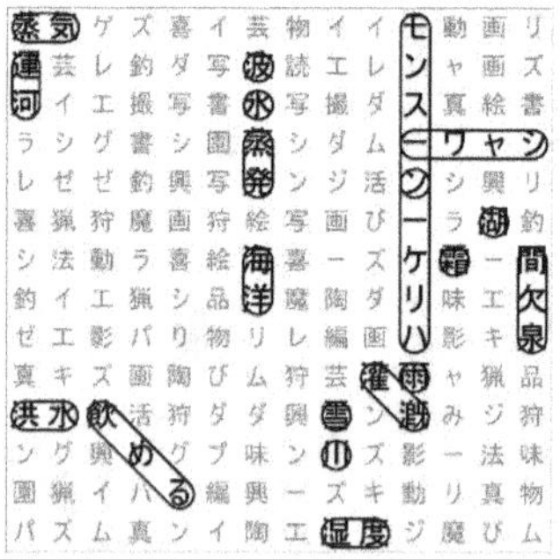

48 - Filantropia

49 - Ecologia

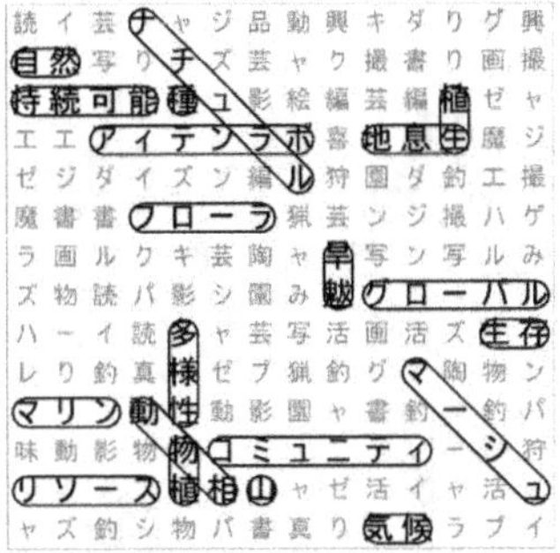

50 - Família

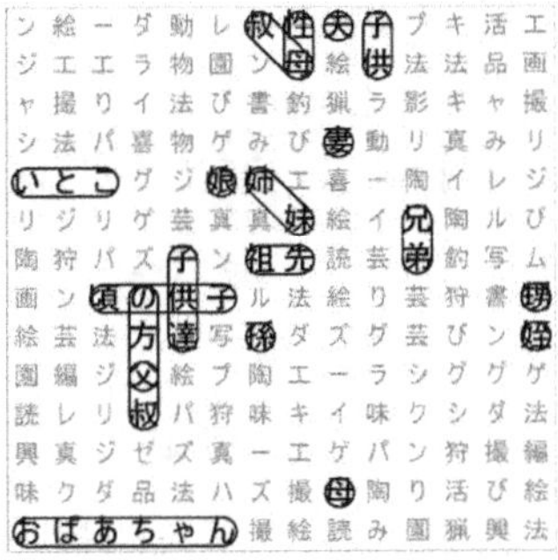

51 - Férias #2

52 - Edifícios

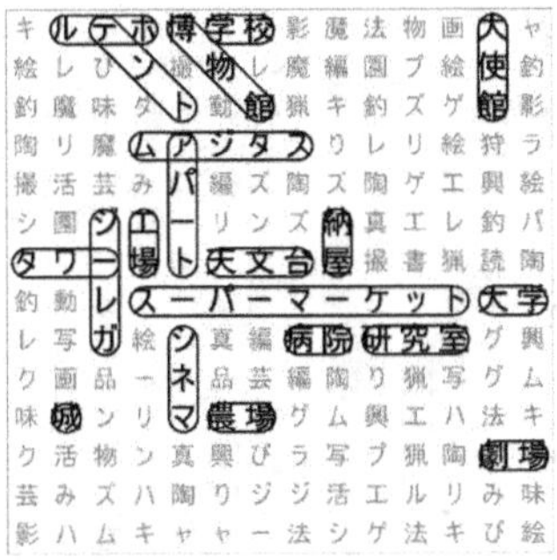

53 - Boxe

54 - Xadrez

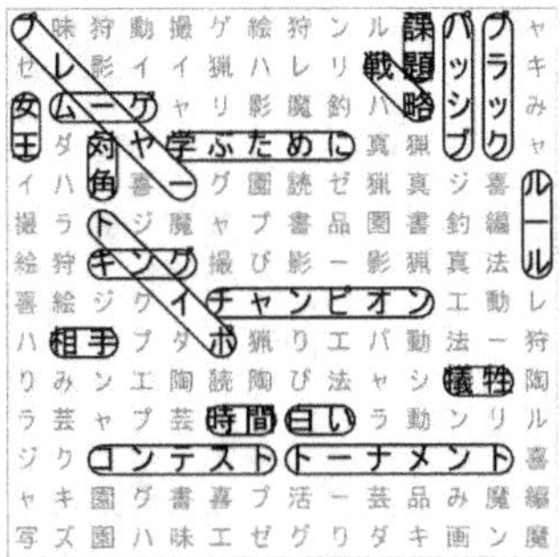

55 - Aventura

56 - Floresta Tropical

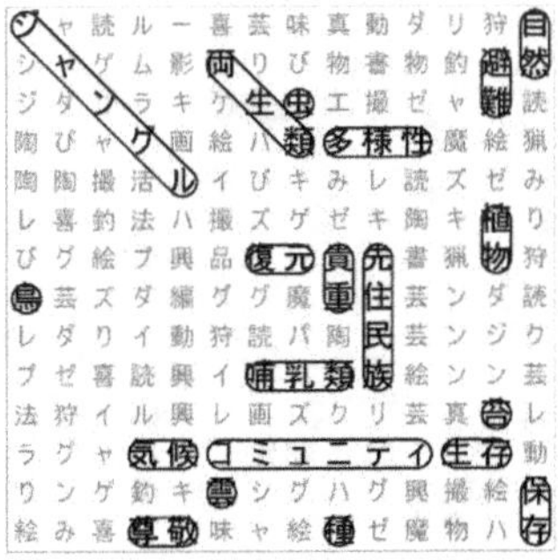

57 - Cidade

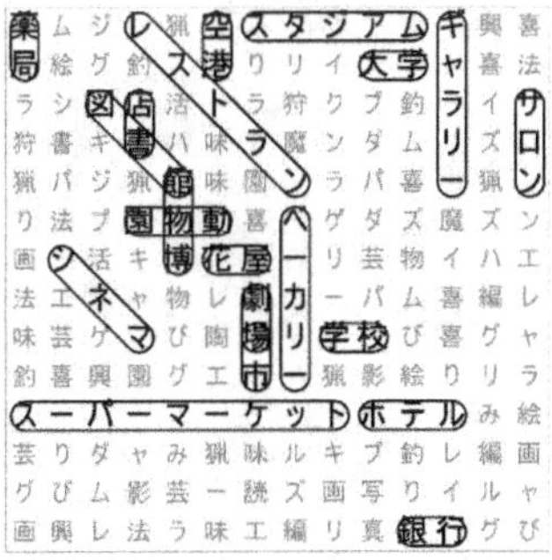

58 - Música

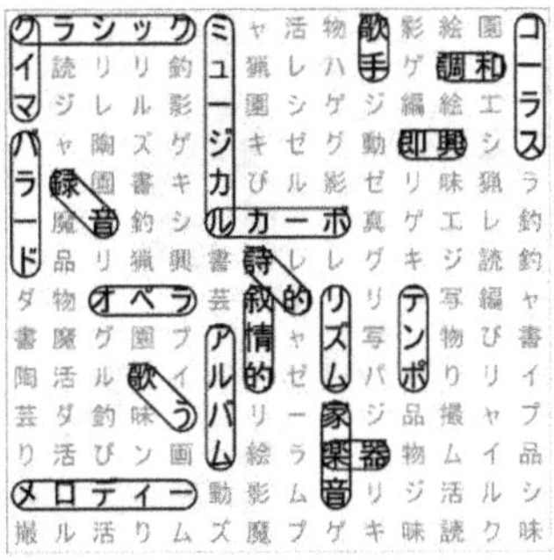

59 - Matemática

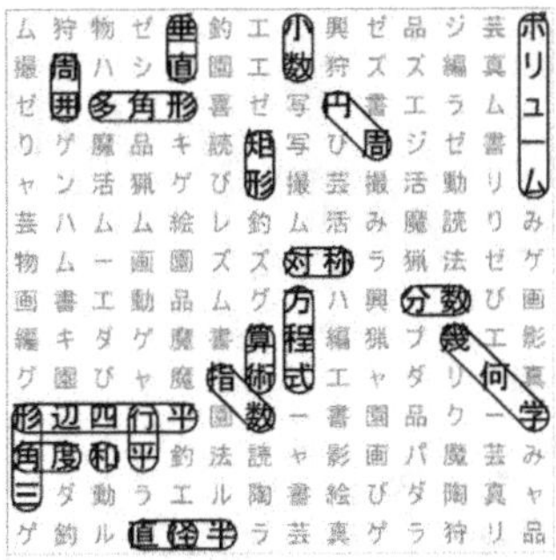

60 - Saúde e Bem Estar #1

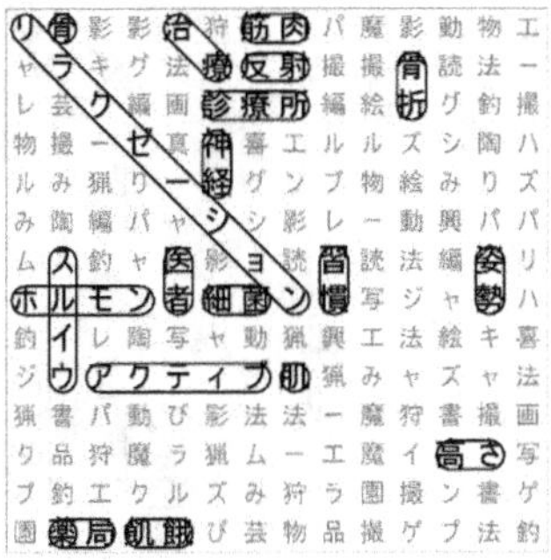

61 - Natureza

62 - A Empresa

63 - Aviões

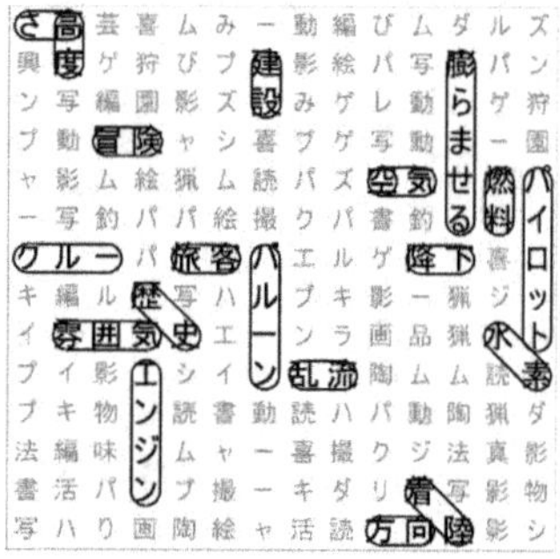

64 - Tipos de Cabelo

65 - Criatividade

66 - Dias e Meses

67 - Saúde e Bem Estar #2

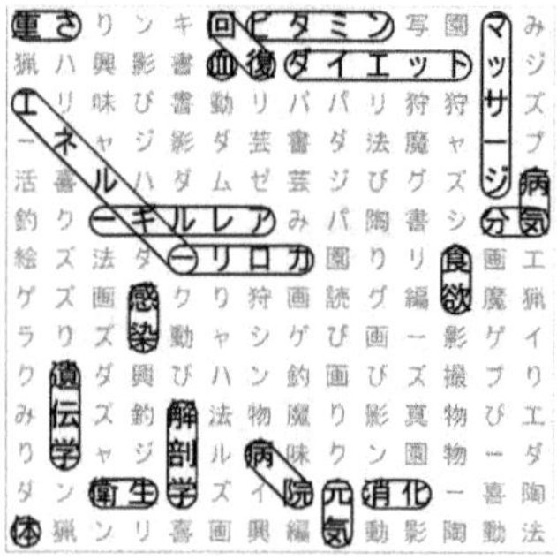

68 - Geografia

69 - Antártica

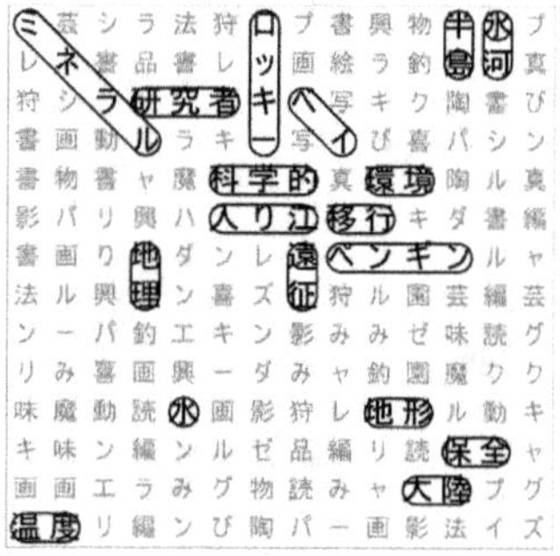

70 - Flores

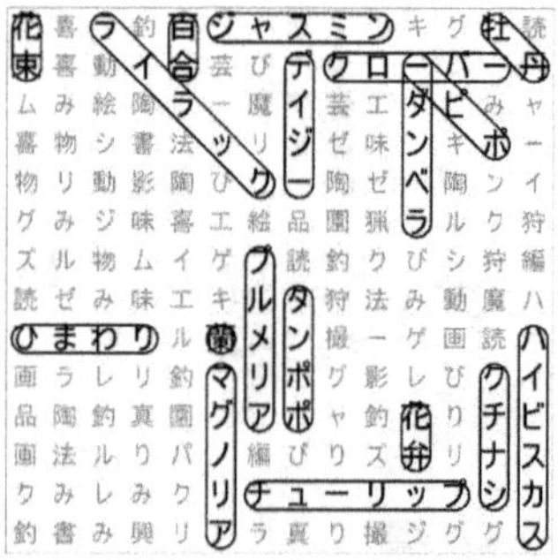

71 - Fazenda #1

72 - Livros

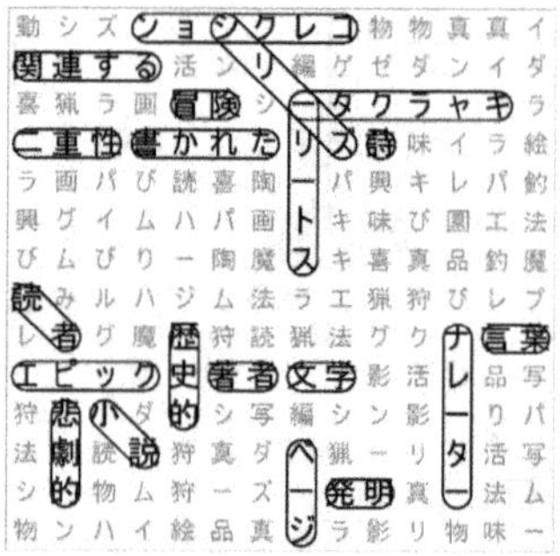

73 - Chocolate

74 - Governo

75 - Jardinagem

76 - Profissões #2

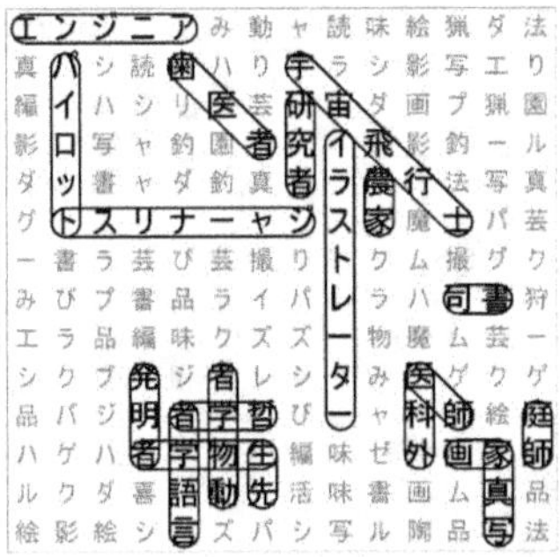

77 - Negócios

78 - Fazenda #2

79 - Jardim

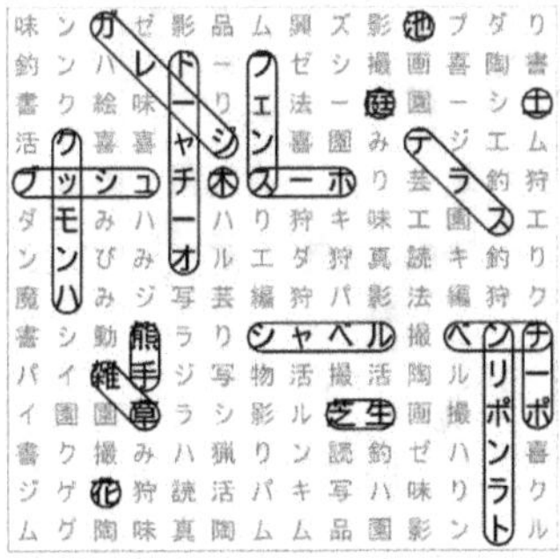

80 - Oceano

81 - Profissões #1

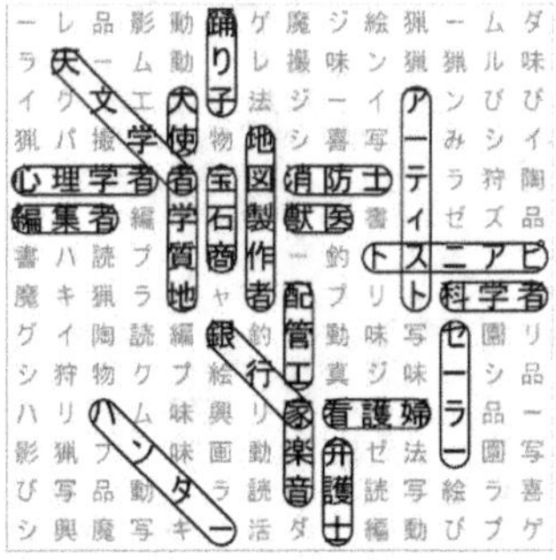

82 - Força e Gravidade

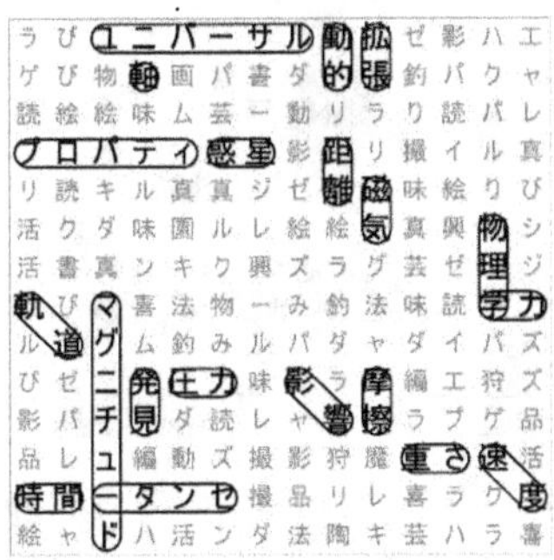

83 - Abelhas

84 - Ciência

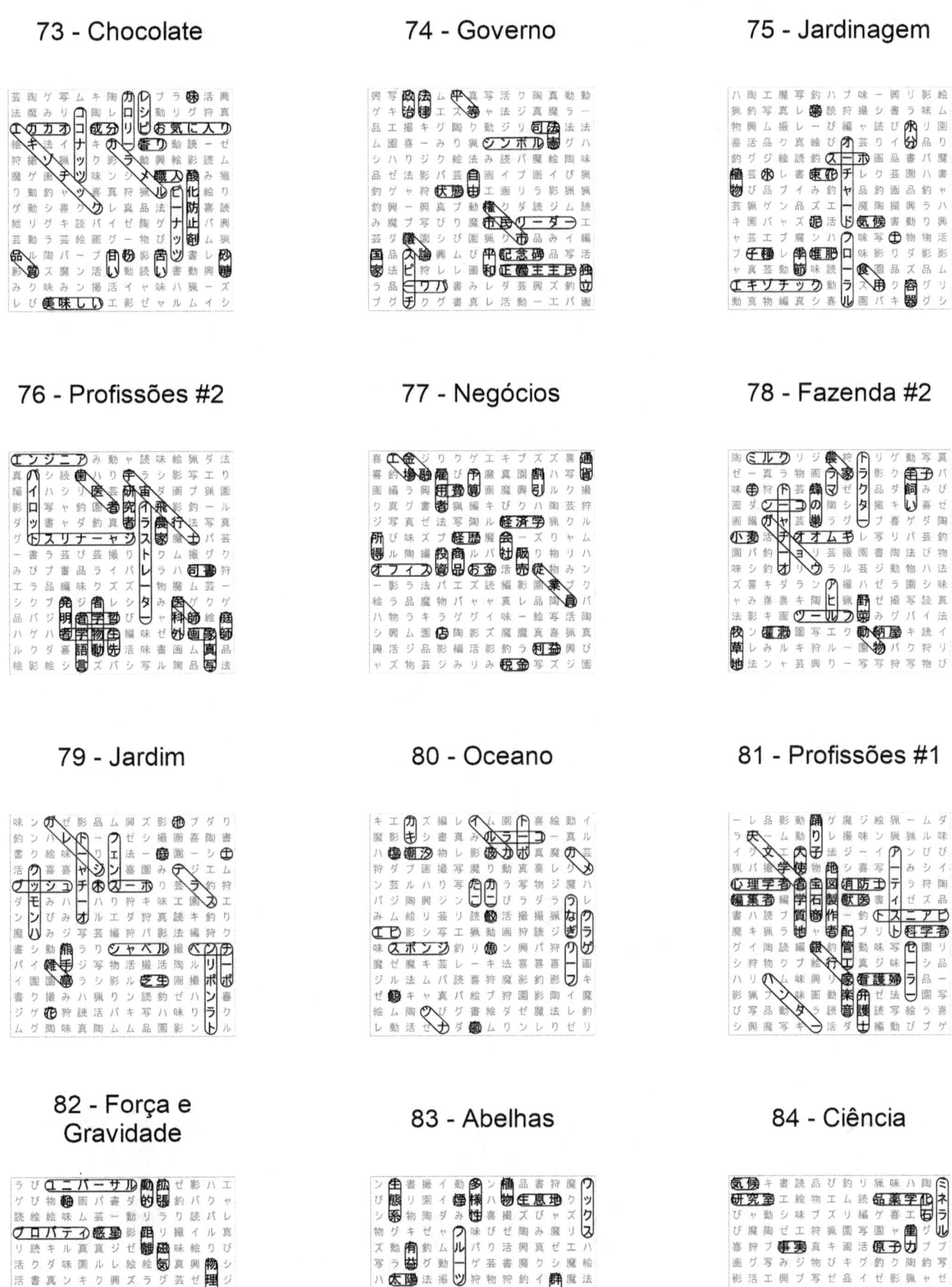

85 - Cores

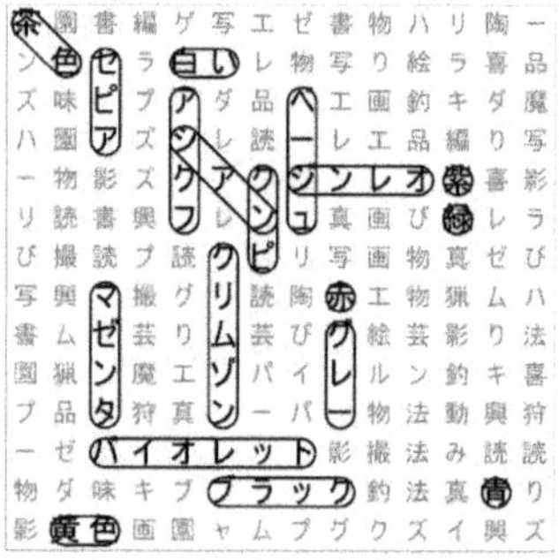

86 - Comida #1

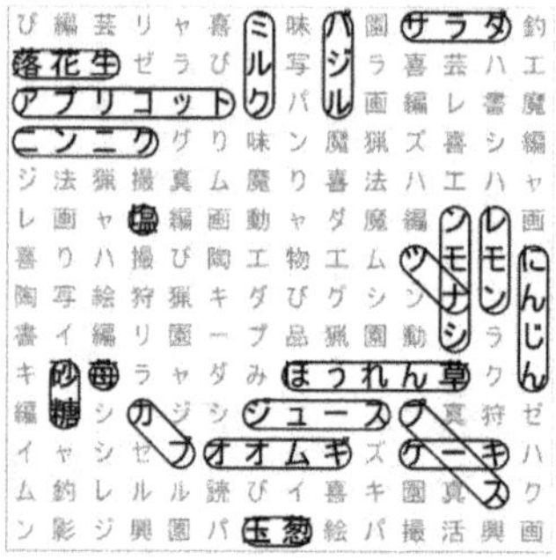

87 - Geometria

88 - Pássaros

89 - Literatura

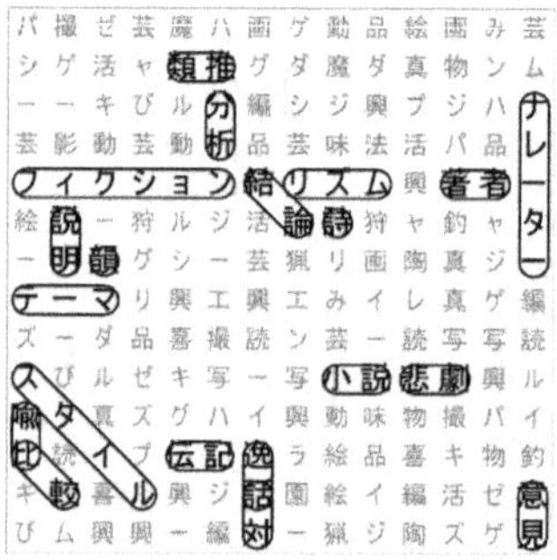

90 - Química

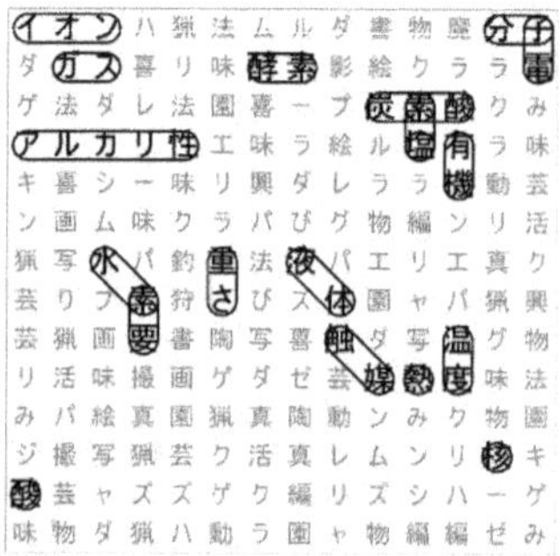

91 - Clima

92 - Tecnologia

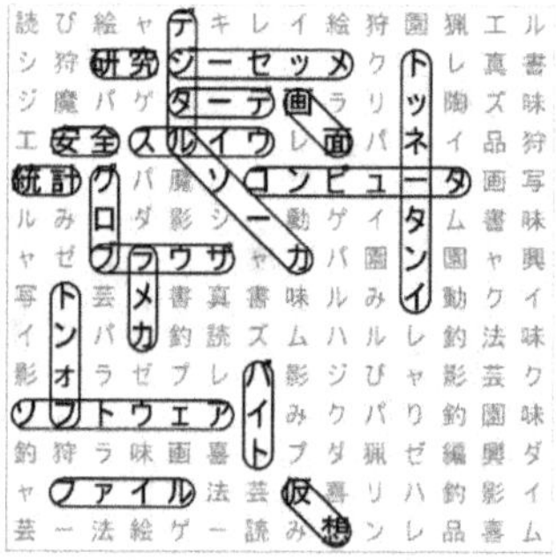

93 - Arte

94 - Diplomacia

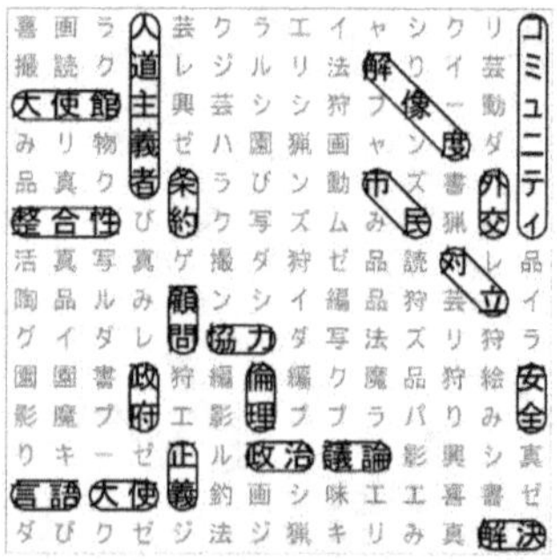

95 - Comida # 2

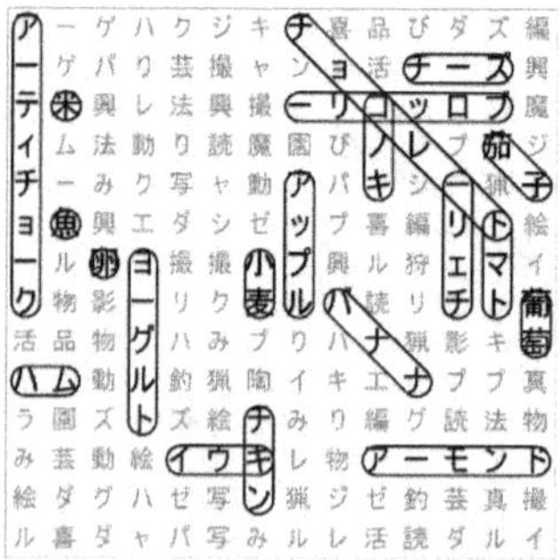

96 - Universo

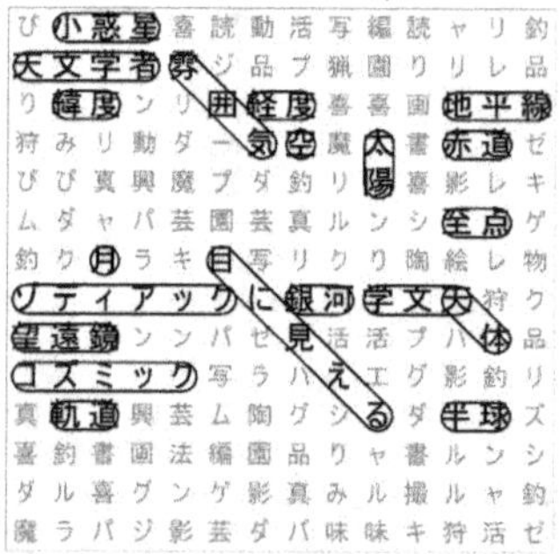

97 - Jazz

98 - Barcos

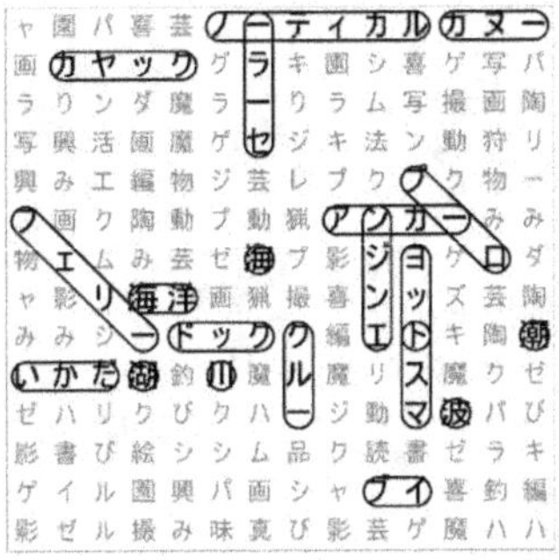

99 - Mamíferos

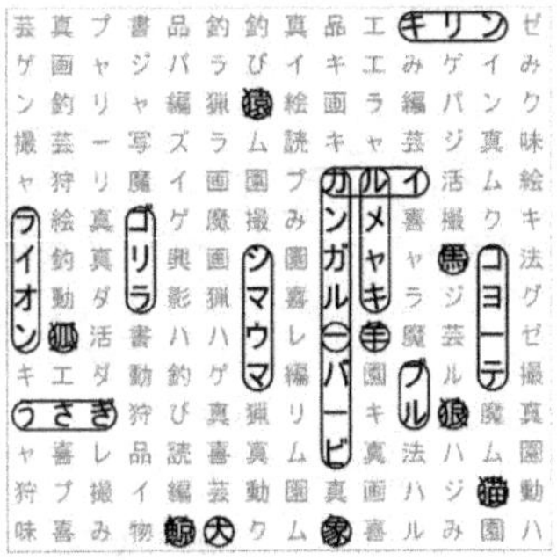

100 - Atividades e Lazer

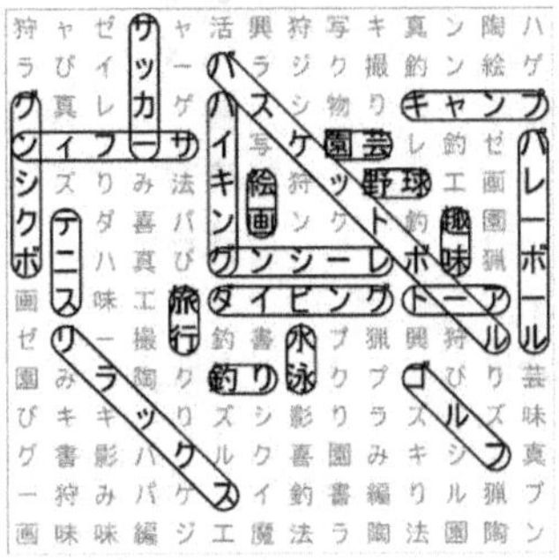

Dicionário

A Empresa
ザ· カンパニー

Apresentação	プレゼンテーション
Criativo	クリエイティブ
Decisão	決定
Emprego	雇用
Global	グローバル
Indústria	業界
Inovador	革新的
Investimento	投資
Negócio	ビジネス
Possibilidade	可能性
Produto	製品
Profissional	プロ
Progresso	進捗
Qualidade	品質
Receita	収益
Recursos	リソース
Reputação	評判
Riscos	リスク
Tendências	トレンド
Unidades	単位

A Mídia
メディア

Atitudes	態度
Comercial	商業
Comunicação	通信
Digital	デジタル
Edição	版
Educação	教育
Fatos	事実
Financiamento	資金調達
Fotos	写真
Individual	個人
Indústria	業界
Intelectual	知的
Jornais	新聞
Local	ローカル
Online	オンライン
Opinião	意見
Público	公共
Rádio	ラジオ
Rede	通信網
Televisão	テレビ

Abelhas
ミツバチ

Asas	翼
Benéfico	有益
Cera	ワックス
Colmeia	巣箱
Diversidade	多様性
Ecossistema	生態系
Enxame	群れ
Flores	花
Fruta	フルーツ
Fumaça	煙
Habitat	生息地
Inseto	昆虫
Jardim	庭
Mel	蜂蜜
Plantas	植物
Pólen	花粉
Rainha	女王
Sol	太陽

Acampamento
キャンプ

Animais	動物
Aventura	冒険
Árvores	木
Bússola	コンパス
Cabine	キャビン
Caça	狩猟
Canoa	カヌー
Chapéu	帽子
Corda	ロープ
Floresta	森
Fogo	火
Inseto	昆虫
Lago	湖
Lanterna	ランタン
Lua	月
Maca	ハンモック
Mapa	地図
Montanha	山
Natureza	自然
Tenda	テント

Adjetivos #1
形容詞 #1

Absoluto	絶対
Aromático	芳香族
Artístico	芸術的
Atraente	魅力的
Enorme	巨大な
Escuro	暗い
Exótico	エキゾチック
Fino	薄い
Generoso	寛大な
Grande	大きい
Honesto	正直
Idêntico	同一
Importante	重要
Lento	遅い
Misterioso	神秘的な
Moderno	モダン
Perfeito	完全
Pesado	重い
Sério	深刻
Valioso	貴重

Adjetivos #2
形容詞 #2

Autêntico	オーセンティック
Criativo	クリエイティブ
Descritivo	説明
Dotado	ギフテッド
Elegante	エレガント
Famoso	有名な
Forte	強い
Interessante	面白い
Natural	ナチュラル
Normal	正常
Novo	新着
Orgulhoso	誇り
Produtivo	生産的
Puro	ピュア
Quente	ホット
Responsável	責任者
Salgado	塩辛い
Saudável	元気
Seco	ドライ
Selvagem	野生

Antártica
南極大陸

Ambiente	環境
Água	水
Baía	ベイ
Científico	科学的
Conservação	保全
Continente	大陸
Enseada	入り江
Expedição	遠征
Geleiras	氷河
Gelo	氷
Geografia	地理
Ilhas	島
Investigador	研究者
Migração	移行
Minerais	ミネラル
Península	半島
Pinguins	ペンギン
Rochoso	ロッキー
Temperatura	温度
Topografia	地形

Antiguidades
アンティーク

Arte	アート
Autêntico	オーセンティック
Decorativo	装飾
Elegante	エレガント
Entusiasta	愛好家
Escultura	彫刻
Estilo	スタイル
Galeria	ギャラリー
Incomum	珍しい
Investimento	投資
Item	アイテム
Leilão	競売
Mobiliário	家具
Moedas	コイン
Preço	価格
Qualidade	品質
Restauração	復元
Século	世紀
Valor	値
Velho	古い

Arqueologia
考古学

Análise	分析
Anos	年
Avaliação	評価
Cerâmica	陶器
Civilização	文明
Descendente	子孫
Desconhecido	不明
Equipe	チーム
Era	時代
Especialista	専門家
Esquecido	忘れられた
Fóssil	化石
Investigador	研究者
Mistério	ミステリー
Objetos	オブジェクト
Ossos	骨
Professor	教授
Relíquia	遺物
Templo	寺
Túmulo	墓

Arte
美術

Cerâmica	セラミック
Complexo	繁雑
Composição	構成
Criar	作成
Escultura	彫刻
Expressão	表現
Honesto	正直
Humor	気分
Inspirado	インスパイヤされた
Original	オリジナル
Pessoal	個人的
Pinturas	絵画
Poesia	詩
Retratar	描く
Símbolo	シンボル
Sujeito	件名
Surrealismo	シュルレアリスム
Visual	ビジュアル

Artes Visuais
ビジュアルアーツ

Argila	粘土
Arquitetura	建築
Artista	アーティスト
Caneta	ペン
Carvão	炭
Cavalete	イーゼル
Cera	ワックス
Composição	構成
Criatividade	創造性
Escultura	彫刻
Estêncil	ステンシル
Filme	映画
Fotografia	写真
Giz	チョーク
Lápis	鉛筆
Obra-Prima	傑作
Perspectiva	パースペクティブ
Pintura	絵画
Retrato	ポートレート
Verniz	ワニス

Astronomia
天文学

Asteróide	小惑星
Astronauta	宇宙飛行士
Astrônomo	天文学者
Céu	空
Constelação	星座
Eclipse	食
Equinócio	春分
Foguete	ロケット
Galáxia	銀河
Gravidade	重力
Lua	月
Meteoro	流星
Nebulosa	星雲
Observatório	天文台
Planeta	惑星
Radiação	放射線
Solar	太陽
Supernova	超新星
Terra	地球
Universo	宇宙

Atividades e Lazer
アクティビティとレジャー

Acampamento	キャンプ
Arte	アート
Basquete	バスケットボール
Beisebol	野球
Boxe	ボクシング
Caminhada	ハイキング
Corrida	レーシング
Futebol	サッカー
Golfe	ゴルフ
Hobbies	趣味
Jardinagem	園芸
Mergulho	ダイビング
Natação	水泳
Pesca	釣り
Pintura	絵画
Relaxante	リラックス
Surfe	サーフィン
Tênis	テニス
Viagem	旅行
Voleibol	バレーボール

Aventura
アドベンチャー

Alegria	喜び
Amigos	友達
Atividade	活動
Beleza	美しさ
Bravura	勇気
Chance	チャンス
Desafios	課題
Destino	行き先
Dificuldade	困難
Entusiasmo	熱意
Excursão	遠足
Incomum	珍しい
Itinerário	旅程
Natureza	自然
Navegação	ナビゲーション
Novo	新着
Oportunidade	機会
Perigoso	危険な
Preparação	準備
Segurança	安全性

Aviões
飛行機

Altitude	高度
Altura	高さ
Ar	空気
Aterrissagem	着陸
Atmosfera	雰囲気
Aventura	冒険
Balão	バルーン
Céu	空
Combustível	燃料
Construção	建設
Descida	降下
Direção	方向
Hidrogênio	水素
História	歴史
Inflar	膨らませる
Motor	エンジン
Passageiro	旅客
Piloto	パイロット
Tripulação	クルー
Turbulência	乱流

Água
水

Canal	運河
Chuva	雨
Chuveiro	シャワー
Evaporação	蒸発
Furacão	ハリケーン
Geada	霜
Gelo	氷
Geyser	間欠泉
Inundação	洪水
Irrigação	灌漑
Lago	湖
Monção	モンスーン
Neve	雪
Oceano	海洋
Ondas	波
Potável	飲める
Rio	川
Umidade	湿度
Vapor	蒸気

Álgebra
代数学

Diagrama	図
Equação	方程式
Expoente	指数
Falso	偽
Fator	因子
Fórmula	式
Fração	分数
Infinito	無限
Linear	線形
Matriz	マトリックス
Número	番号
Parêntese	括弧
Problema	問題
Quantidade	量
Simplificar	単純化
Solução	解決
Soma	和
Subtração	減算
Variável	変数
Zero	ゼロ

Balé
バレエ

Aplauso	拍手
Artístico	芸術的
Bailarina	バレリーナ
Compositor	作曲家
Coreografia	振り付け
Dançarinos	ダンサー
Ensaio	リハーサル
Estilo	スタイル
Expressivo	表現力豊かな
Gesto	ジェスチャー
Habilidade	スキル
Intensidade	強度
Músculos	筋肉
Música	音楽
Orquestra	オーケストラ
Prática	練習
Ritmo	リズム
Solo	ソロ
Técnica	技術

Barcos
ボート

Âncora	アンカー
Balsa	フェリー
Bóia	ブイ
Caiaque	カヤック
Canoa	カヌー
Corda	ロープ
Doca	ドック
Iate	ヨット
Jangada	いかだ
Lago	湖
Mar	海
Maré	潮
Marinheiro	セーラー
Mastro	マスト
Motor	エンジン
Náutico	ノーティカル
Oceano	海洋
Ondas	波
Rio	川
Tripulação	クルー

Beleza
ビューティー

Batom	口紅
Cachos	カール
Charme	魅力
Cor	色
Cosméticos	化粧品
Elegante	エレガント
Elegância	優雅
Espelho	鏡
Estilista	スタイリスト
Fotogênico	フォトジェニック
Fragrância	香り
Maquiagem	化粧
Óleos	オイル
Pele	肌
Produtos	製品
Rímel	マスカラ
Serviços	サービス
Tesoura	はさみ
Xampu	シャンプー

Boxe
ボクシング

Árbitro	審判
Canto	コーナー
Chutar	キック
Corpo	体
Cotovelo	肘
Exausta	疲れた
Foco	フォーカス
Força	強さ
Habilidade	スキル
Lesões	怪我
Lutador	戦闘機
Luvas	手袋
Oponente	相手
Pontos	ポイント
Punho	拳
Queixo	顎
Recuperação	回復
Sino	ベル

Caminhada
ハイキング

Acampamento	キャンプ
Animais	動物
Água	水
Botas	ブーツ
Cansado	疲れた
Clima	気候
Guias	ガイド
Mapa	地図
Montanha	山
Mosquitos	蚊
Natureza	自然
Orientação	オリエンテーション
Parques	公園
Pedras	石
Penhasco	崖
Pesado	重い
Preparação	準備
Selvagem	野生
Sol	太陽
Tempo	天気

Casa
ハウス

Biblioteca	図書館
Cerca	フェンス
Chaves	キー
Chuveiro	シャワー
Cortinas	カーテン
Cozinha	キッチン
Espelho	鏡
Garagem	ガレージ
Janela	窓
Jardim	庭
Lareira	暖炉
Mobiliário	家具
Parede	壁
Porta	ドア
Quarto	部屋
Sótão	屋根裏
Tapete	ラグ
Teto	天井
Torneira	蛇口
Vassoura	ほうき

Chocolate
チョコレート

Açúcar	砂糖
Amargo	苦い
Amendoins	ピーナッツ
Antioxidante	酸化防止剤
Aroma	香り
Artesanal	職人
Cacau	カカオ
Calorias	カロリー
Caramelo	カラメル
Coco	ココナッツ
Delicioso	美味しい
Doce	甘い
Exótico	エキゾチック
Favorito	お気に入り
Gosto	味
Ingrediente	成分
Pó	粉
Qualidade	品質
Receita	レシピ

Churrascos
バーベキュー

Almoço	ランチ
Convite	招待
Crianças	子供達
Facas	ナイフ
Família	家族
Fome	飢餓
Frango	チキン
Fruta	フルーツ
Grelha	グリル
Jantar	夕食
Jogos	ゲーム
Legumes	野菜
Molho	ソース
Música	音楽
Pimenta	コショウ
Quente	ホット
Sal	塩
Saladas	サラダ
Tomates	トマト
Verão	夏

Cidade
町

Aeroporto	空港
Banco	銀行
Biblioteca	図書館
Cinema	シネマ
Escola	学校
Estádio	スタジアム
Farmácia	薬局
Florista	花屋
Galeria	ギャラリー
Hotel	ホテル
Jardim Zoológico	動物園
Livraria	書店
Mercado	市場
Museu	博物館
Padaria	ベーカリー
Restaurante	レストラン
Salão	サロン
Supermercado	スーパーマーケット
Teatro	劇場
Universidade	大学

Ciência
理科

Átomo	原子
Cientista	科学者
Clima	気候
Dados	データ
Evolução	進化
Fato	事実
Física	物理学
Fóssil	化石
Gravidade	重力
Hipótese	仮説
Laboratório	研究室
Método	方法
Minerais	ミネラル
Moléculas	分子
Natureza	自然
Observação	観察
Organismo	生物
Partículas	粒子
Plantas	植物
Químico	化学薬品

Circo
サーカス

Acrobata	アクロバット
Animais	動物
Balões	風船
Bilhete	チケット
Desfile	パレード
Elefante	象
Espectador	観客
Espetacular	壮観な
Leão	ライオン
Macaco	猿
Magia	魔法
Malabarista	ジャグラー
Música	音楽
Palhaço	ピエロ
Tenda	テント
Tigre	虎
Traje	コスチューム
Truque	トリック

Clima
天気

Arco-Íris	虹
Atmosfera	雰囲気
Brisa	そよ風
Céu	空
Clima	気候
Furacão	ハリケーン
Gelo	氷
Monção	モンスーン
Nevoeiro	霧
Nuvem	雲
Polar	極性
Relâmpago	稲妻
Seca	旱魃
Seco	ドライ
Temperatura	温度
Tempestade	嵐
Tornado	竜巻
Tropical	トロピカル
Trovão	雷
Vento	風

Comida # 2
食べ物 #2

Alcachofra	アーティチョーク
Amêndoa	アーモンド
Arroz	米
Banana	バナナ
Beringela	茄子
Brócolis	ブロッコリー
Cereja	チェリー
Chocolate	チョコレート
Cogumelo	キノコ
Frango	チキン
Iogurte	ヨーグルト
Kiwi	キウイ
Maçã	アップル
Ovo	卵
Peixe	魚
Presunto	ハム
Queijo	チーズ
Tomate	トマト
Trigo	小麦
Uva	葡萄

Comida #1
食べ物 #1

Açúcar	砂糖
Alho	ニンニク
Amendoim	落花生
Atum	ツナ
Bolo	ケーキ
Canela	シナモン
Cebola	玉葱
Cenoura	にんじん
Cevada	オオムギ
Damasco	アプリコット
Espinafre	ほうれん草
Leite	ミルク
Limão	レモン
Manjericão	バジル
Morango	苺
Nabo	カブ
Sal	塩
Salada	サラダ
Sopa	スープ
Suco	ジュース

Cores
[色]

Amarelo	黄色
Azul	青
Bege	ベージュ
Branco	白い
Carmesim	クリムゾン
Ciano	シアン
Cinza	グレー
Fuchsia	フクシア
Laranja	オレンジ
Magenta	マゼンタ
Marrom	茶色
Preto	ブラック
Rosa	ピンク
Roxo	紫
Sépia	セピア
Verde	緑
Vermelho	赤
Violeta	バイオレット

Corpo Humano
人体

Boca	口
Cabeça	頭
Cérebro	脳
Coração	心臓
Cotovelo	肘
Dedo	指
Joelho	膝
Lábios	唇
Mão	手
Nariz	鼻
Olho	目
Ombro	肩
Orelha	耳
Pele	肌
Perna	足
Pescoço	首
Queixo	顎
Sangue	血
Testa	額
Tornozelo	足首

Criatividade
創造性

Artístico	芸術的
Autenticidade	信憑性
Clareza	明快
Dramático	劇的
Emoções	感情
Espontânea	自発
Expressão	表現
Fluidez	流動性
Habilidade	スキル
Imagem	画像
Imaginação	想像力
Impressão	印象
Inspiração	インスピレーション
Intensidade	強度
Intuição	直感
Inventivo	発明
Sensação	感覚
Visões	ビジョン
Vitalidade	活力

Dias e Meses
日と月

Abril	エイプリル
Agosto	八月
Ano	年
Calendário	カレンダー
Domingo	日曜日
Fevereiro	二月
Julho	七月
Junho	六月
Maio	五月
Março	行進
Mês	月
Novembro	十一月
Quarta-Feira	水曜日
Quinta-Feira	木曜日
Sábado	土曜日
Segunda-Feira	月曜日
Semana	週
Setembro	セプテンバー
Sexta-Feira	金曜日
Terça	火曜日

Diplomacia
外交

Cidadãos	市民
Comunidade	コミュニティ
Conflito	対立
Consultor	顧問
Cooperação	協力
Diplomático	外交
Discussão	議論
Embaixada	大使館
Embaixador	大使
Ética	倫理
Governo	政府
Humanitário	人道主義者
Integridade	整合性
Justiça	正義
Línguas	言語
Política	政治
Resolução	解像度
Segurança	安全
Solução	解決
Tratado	条約

Dirigindo
運転

Acidente	事故
Caminhão	トラック
Carro	車
Combustível	燃料
Cuidado	注意
Estrada	道
Freios	ブレーキ
Garagem	ガレージ
Gás	ガス
Licença	ライセンス
Mapa	地図
Motocicleta	オートバイ
Motor	モーター
Pedestre	歩行者
Perigo	危険
Polícia	警察
Rua	ストリート
Segurança	安全性
Tráfego	交通
Túnel	トンネル

Disciplinas Científicas
科学分野

Anatomia	解剖学
Arqueologia	考古学
Astronomia	天文学
Biologia	生物学
Bioquímica	生化学
Botânica	植物学
Cinesiologia	キネシオロジー
Ecologia	生態学
Fisiologia	生理
Geologia	地質学
Imunologia	免疫学
Linguística	言語学
Meteorologia	気象学
Mineralogia	鉱物学
Neurologia	神経学
Psicologia	心理学
Química	化学
Sociologia	社会学
Termodinâmica	熱力学
Zoologia	動物学

Ecologia
エコロジー

Clima	気候
Comunidades	コミュニティ
Diversidade	多様性
Espécies	種
Fauna	動物相
Flora	フローラ
Global	グローバル
Habitat	生息地
Marinho	マリン
Montanhas	山
Natural	ナチュラル
Natureza	自然
Pântano	マーシュ
Plantas	植物
Recursos	リソース
Seca	旱魃
Sobrevivência	生存
Sustentável	持続可能
Vegetação	植生
Voluntários	ボランティア

Edifícios
建物

Apartamento	アパート
Castelo	城
Celeiro	納屋
Cinema	シネマ
Embaixada	大使館
Escola	学校
Estádio	スタジアム
Fazenda	農場
Fábrica	工場
Garagem	ガレージ
Hospital	病院
Hotel	ホテル
Laboratório	研究室
Museu	博物館
Observatório	天文台
Supermercado	スーパーマーケット
Teatro	劇場
Tenda	テント
Torre	タワー
Universidade	大学

Energia
エネルギー

Ambiente	環境
Bateria	電池
Calor	熱
Carbono	炭素
Combustível	燃料
Diesel	ディーゼル
Elétrico	電気
Elétron	電子
Entropia	エントロピー
Fóton	光子
Gasolina	ガソリン
Hidrogênio	水素
Indústria	業界
Motor	モーター
Nuclear	核
Poluição	汚染
Renovável	再生可能
Sol	太陽
Turbina	タービン
Vento	風

Engenharia
エンジニアリング

Atrito	摩擦
Ângulo	角度
Cálculo	計算
Construção	建設
Diagrama	図
Diâmetro	直径
Diesel	ディーゼル
Dimensões	寸法
Distribuição	分布
Eixo	軸
Energia	エネルギー
Estabilidade	安定性
Estrutura	構造
Força	強さ
Líquido	液体
Máquina	機械
Medição	測定
Motor	モーター
Profundidade	深さ
Propulsão	推進

Especiarias
スパイス

Açafrão	サフラン
Alcaçuz	甘草
Alho	ニンニク
Amargo	苦い
Anis	アニス
Azedo	サワー
Baunilha	バニラ
Canela	シナモン
Cardamomo	カルダモン
Caril	カレー
Cebola	玉葱
Coentro	コリアンダー
Cominho	クミン
Doce	甘い
Funcho	フェンネル
Gengibre	ショウガ
Noz-Moscada	ナツメグ
Pimenta	コショウ
Sabor	味
Sal	塩

Esporte
スポーツ

Alongamento	ストレッチ
Atleta	アスリート
Capacidade	能力
Ciclismo	サイクリング
Corpo	体
Dançando	ダンシング
Dieta	ダイエット
Esportes	スポーツ
Força	強さ
Jogging	ジョギング
Maximizar	最大化
Metabólico	代謝
Músculos	筋肉
Nutrição	栄養
Objetivo	ゴール
Ossos	骨
Programa	プログラム
Saúde	健康
Treinador	コーチ

Ética
倫理

Altruísmo	利他主義
Bondade	親切
Compaixão	思いやり
Cooperação	協力
Dignidade	尊厳
Diplomático	外交
Filosofia	哲学
Honestidade	正直
Humanidade	人類
Individualismo	個人主義
Integridade	整合性
Otimismo	楽観
Paciência	忍耐
Racionalidade	合理性
Razoável	合理的
Realismo	リアリズム
Sabedoria	知恵
Valores	値

Família
ファミリー

Antepassado	祖先
Avó	おばあちゃん
Criança	子供
Crianças	子供達
Esposa	妻
Filha	娘
Infância	子供の頃
Irmã	姉妹
Irmão	兄弟
Marido	夫
Materno	母性
Mãe	母
Neto	孫
Pai	父
Paterno	父方の
Primo	いとこ
Sobrinha	姪
Sobrinho	甥
Tia	叔母
Tio	叔父

Fazenda #1
ファーム #1

Abelha	蜂
Agricultura	農業
Arroz	米
Água	水
Bezerro	ふくらはぎ
Burro	ロバ
Cabra	ヤギ
Campo	フィールド
Cavalo	馬
Cão	犬
Cerca	フェンス
Corvo	カラス
Feno	ヘイ
Fertilizante	肥料
Frango	チキン
Gato	猫
Mel	蜂蜜
Porco	豚
Rebanho	群れ
Vaca	牛

Fazenda #2
ファーム #2

Agricultor	農家
Animais	動物
Celeiro	納屋
Cevada	オオムギ
Colmeia	蜂の巣
Cordeiro	子羊
Fruta	フルーツ
Ganso	ガチョウ
Irrigação	灌漑
Leite	ミルク
Lhama	ラマ
Milho	コーン
Ovelha	羊
Pastor	羊飼い
Pato	アヒル
Pomar	オーチャード
Prado	牧草地
Trator	トラクター
Trigo	小麦
Vegetal	野菜

Férias #2
バケーション #2

Aeroporto	空港
Destino	行き先
Estrangeiro	外国人
Feriado	休日
Fotos	写真
Hotel	ホテル
Ilha	島
Lazer	レジャー
Mapa	地図
Mar	海
Montanhas	山
Passaporte	パスポート
Praia	ビーチ
Reservas	予約
Restaurante	レストラン
Táxi	タクシー
Tenda	テント
Transporte	交通
Viagem	旅
Visto	ビザ

Ficção Científica
サイエンス· フィクション

Atómico	アトミック
Cinema	シネマ
Distante	遠い
Distopia	ディストピア
Explosão	爆発
Fantástico	素晴らしい
Fogo	火
Futurista	未来的
Galáxia	銀河
Ilusão	イリュージョン
Imaginário	虚数
Livros	書籍
Misterioso	神秘的な
Mundo	世界
Oráculo	オラクル
Planeta	惑星
Realista	現実的
Robôs	ロボット
Tecnologia	技術
Utopia	ユートピア

Filantropia
フィランソロピー

Comunidade	コミュニティ
Contatos	連絡先
Crianças	子供達
Desafios	課題
Doar	寄付
Finança	金融
Fundos	資金
Generosidade	寛大さ
Global	グローバル
Grupos	グループ
História	歴史
Honestidade	正直
Humanidade	人類
Missão	使命
Necessidade	必要
Objetivos	目標
Pessoas	人
Programas	プログラム
Público	公共

Física
物理学

Aceleração	加速
Átomo	原子
Caos	混沌
Densidade	密度
Elétron	電子
Fórmula	式
Frequência	周波数
Gás	ガス
Gravidade	重力
Magnetismo	磁気
Massa	質量
Mecânica	力学
Molécula	分子
Motor	エンジン
Nuclear	核
Partícula	粒子
Químico	化学薬品
Relatividade	相対性理論
Universal	ユニバーサル
Velocidade	速度

Flores
花々

Buquê	花束
Dente-De-Leão	タンポポ
Gardênia	クチナシ
Girassol	ひまわり
Hibisco	ハイビスカス
Jasmim	ジャスミン
Lavanda	ラベンダー
Lilás	ライラック
Lírio	百合
Magnólia	マグノリア
Margarida	デイジー
Orquídea	蘭
Papoula	ポピー
Peônia	牡丹
Pétala	花弁
Plumeria	プルメリア
Trevo	クローバー
Tulipa	チューリップ

Floresta Tropical
レインフォレスト

Anfíbios	両生類
Botânico	植物
Clima	気候
Comunidade	コミュニティ
Diversidade	多様性
Espécies	種
Indígena	先住民族
Insetos	虫
Mamíferos	哺乳類
Musgo	苔
Natureza	自然
Nuvens	雲
Pássaros	鳥
Preservação	保存
Refúgio	避難
Respeito	尊敬
Restauração	復元
Selva	ジャングル
Sobrevivência	生存
Valioso	貴重

Força e Gravidade
力と重力

Atrito	摩擦
Centro	センター
Descoberta	発見
Dinâmico	動的
Distância	距離
Eixo	軸
Expansão	拡張
Física	物理学
Impacto	影響
Magnetismo	磁気
Magnitude	マグニチュード
Mecânica	力学
Órbita	軌道
Peso	重さ
Planetas	惑星
Pressão	圧力
Propriedades	プロパティ
Rapidez	速度
Tempo	時間
Universal	ユニバーサル

Frutas
フルーツ

Abacate	アボカド
Abacaxi	パイナップル
Amora	ブラックベリー
Baga	ベリー
Banana	バナナ
Cereja	チェリー
Coco	ココナッツ
Damasco	アプリコット
Figo	イチジク
Framboesa	ラズベリー
Kiwi	キウイ
Laranja	オレンジ
Limão	レモン
Maçã	アップル
Mamão	パパイヤ
Manga	マンゴー
Nectarina	ネクタリン
Pera	梨
Pêssego	桃
Uva	葡萄

Geografia
地理学

Altitude	高度
Atlas	アトラス
Cidade	市
Continente	大陸
Hemisfério	半球
Ilha	島
Latitude	緯度
Mapa	地図
Mar	海
Meridiano	子午線
Montanha	山
Mundo	世界
Norte	北
Oceano	海洋
Oeste	西
País	国
Região	領域
Rio	川
Sul	南
Território	地域

Geologia
地質学

Ácido	酸
Camada	層
Caverna	洞窟
Cálcio	カルシウム
Continente	大陸
Coral	コーラル
Cristais	結晶
Erosão	侵食
Estalactite	鍾乳石
Estalagmites	石筍
Fóssil	化石
Lava	溶岩
Minerais	ミネラル
Pedra	石
Platô	高原
Quartzo	石英
Sal	塩
Terremoto	地震
Vulcão	火山
Zona	ゾーン

Geometria
ジオメトリ

Altura	高さ
Ângulo	角度
Cálculo	計算
Círculo	円
Curva	曲線
Diâmetro	直径
Dimensão	次元
Equação	方程式
Horizontal	水平
Lógica	論理
Massa	質量
Mediana	中央値
Paralelo	平行
Proporção	割合
Segmento	セグメント
Simetria	対称
Superfície	表面
Teoria	理論
Triângulo	三角形
Vertical	垂直

Governo
政府

Cidadania	市民権
Civil	市民
Constituição	憲法
Democracia	民主主義
Discurso	スピーチ
Discussão	議論
Estado	状態
Igualdade	平等
Independência	独立
Judicial	司法
Justiça	正義
Lei	法律
Liberdade	自由
Líder	リーダー
Monumento	記念碑
Nação	国家
Pacífico	平和
Poder	パワー
Política	政治
Símbolo	シンボル

Herbalismo
本草学

Açafrão	サフラン
Alecrim	ローズマリー
Alho	ニンニク
Aromático	芳香族
Benéfico	有益
Coentro	コリアンダー
Estragão	タラゴン
Flor	花
Funcho	フェンネル
Ingrediente	成分
Jardim	庭
Lavanda	ラベンダー
Manjericão	バジル
Manjerona	マージョラム
Planta	植物
Qualidade	品質
Sabor	味
Salsa	パセリ
Tomilho	タイム
Verde	緑

Insetos
昆虫

Abelha	蜂
Barata	ゴキブリ
Besouro	甲虫
Borboleta	蝶
Cigarra	蝉
Cupim	シロアリ
Formiga	蟻
Gafanhoto	バッタ
Joaninha	てんとう虫
Larva	幼虫
Libélula	トンボ
Louva-A-Deus	カマキリ
Mariposa	蛾
Minhoca	ワーム
Mosquito	蚊
Pulga	ノミ
Pulgão	アブラムシ
Vespa	スズメバチ

Instrumentos Musicais
楽器

Bandolim	マンドリン
Banjo	バンジョー
Clarinete	クラリネット
Fagote	ファゴット
Flauta	フルート
Gaita	ハーモニカ
Gongo	ゴング
Harpa	ハープ
Marimba	マリンバ
Oboé	オーボエ
Pandeiro	タンバリン
Percussão	パーカッション
Piano	ピアノ
Saxofone	サックス
Tambor	ドラム
Trombone	トロンボーン
Trompete	トランペット
Violão	ギター
Violino	バイオリン
Violoncelo	チェロ

Jardim
ガーデン

Ancinho	熊手
Arbusto	ブッシュ
Árvore	木
Banco	ベンチ
Cerca	フェンス
Ervas Daninhas	雑草
Flor	花
Garagem	ガレージ
Grama	草
Gramado	芝生
Jardim	庭
Lagoa	池
Maca	ハンモック
Mangueira	ホース
Pá	シャベル
Pomar	オーチャード
Solo	土
Terraço	テラス
Trampolim	トランポリン
Varanda	ポーチ

Jardinagem
ガーデニング

Água	水
Botânico	植物
Buquê	花束
Clima	気候
Comestível	食用
Composto	堆肥
Espécies	種
Exótico	エキゾチック
Flor	花
Floral	フローラル
Folhagem	葉
Mangueira	ホース
Pomar	オーチャード
Recipiente	容器
Sazonal	季節
Sementes	種子
Solo	土
Sujeira	泥
Umidade	水分

Jazz
ジャズ

Artista	アーティスト
Álbum	アルバム
Bateria	ドラム
Canção	歌
Composição	構成
Compositor	作曲家
Concerto	コンサート
Estilo	スタイル
Ênfase	強調
Famoso	有名な
Favoritos	お気に入り
Gênero	ジャンル
Improvisação	即興
Música	音楽
Novo	新着
Orquestra	オーケストラ
Ritmo	リズム
Talento	才能
Técnica	技術
Velho	古い

Literatura
文学

Analogia	類推
Análise	分析
Anedota	逸話
Autor	著者
Biografia	伝記
Comparação	比較
Conclusão	結論
Descrição	説明
Diálogo	対話
Estilo	スタイル
Ficção	フィクション
Metáfora	比喩
Narrador	ナレーター
Opinião	意見
Poema	詩
Rima	韻
Ritmo	リズム
Romance	小説
Tema	テーマ
Tragédia	悲劇

Livros
書籍

Autor	著者
Aventura	冒険
Coleção	コレクション
Dualidade	二重性
Escrito	書かれた
Épico	エピック
História	ストーリー
Histórico	歴史的
Inventivo	発明
Leitor	読者
Literário	文学
Narrador	ナレーター
Palavras	言葉
Página	ページ
Personagem	キャラクター
Poesia	詩
Relevante	関連する
Romance	小説
Série	シリーズ
Trágico	悲劇的

Mamíferos
哺乳類

Baleia	鯨
Camelo	キャメル
Canguru	カンガルー
Castor	ビーバー
Cavalo	馬
Cão	犬
Coelho	うさぎ
Coiote	コヨーテ
Elefante	象
Gato	猫
Girafa	キリン
Golfinho	イルカ
Gorila	ゴリラ
Leão	ライオン
Lobo	狼
Macaco	猿
Ovelha	羊
Raposa	狐
Touro	ブル
Zebra	シマウマ

Matemática
数学

Aritmética	算術
Ângulos	角度
Circunferência	円周
Decimal	小数
Diâmetro	直径
Equação	方程式
Expoente	指数
Fração	分数
Geometria	幾何学
Paralelo	平行
Paralelogramo	平行四辺形
Perímetro	周囲
Perpendicular	垂直
Polígono	多角形
Raio	半径
Retângulo	矩形
Simetria	対称
Soma	和
Triângulo	三角形
Volume	ボリューム

Material de Arte
アートサプライ

Acrílico	アクリル
Apagador	消しゴム
Aquarelas	水彩画
Argila	粘土
Água	水
Cadeira	椅子
Carvão	炭
Cavalete	イーゼル
Câmera	カメラ
Cola	のり
Cores	色
Criatividade	創造性
Escovas	ブラシ
Lápis	鉛筆
Mesa	テーブル
Óleo	油
Papel	紙
Pastels	パステル
Tinta	インク
Tintas	塗料

Medições
測定値

Altura	高さ
Byte	バイト
Centímetro	センチメートル
Comprimento	長さ
Decimal	小数
Grama	グラム
Grau	度
Largura	幅
Litro	リットル
Massa	質量
Metro	メーター
Minuto	分
Onça	オンス
Peso	重さ
Polegada	インチ
Profundidade	深さ
Quilograma	キログラム
Quilômetro	キロメートル
Tonelada	トン
Volume	ボリューム

Meditação
瞑想

Aceitação	受け入れ
Atenção	注意
Bondade	親切
Clareza	明快
Compaixão	思いやり
Emoções	感情
Ensinamentos	教え
Gratidão	感謝
Hábitos	習慣
Mental	メンタル
Mente	マインド
Movimento	動き
Música	音楽
Natureza	自然
Observação	観察
Paz	平和
Pensamentos	思考
Perspectiva	パースペクティブ
Postura	姿勢
Silêncio	沈黙

Mitologia
神話

Arquétipo	原型
Ciúmes	嫉妬
Comportamento	行動
Criação	作成
Criatura	生き物
Cultura	文化
Desastre	災害
Força	強さ
Guerreiro	戦士
Heroína	ヒロイン
Herói	ヒーロー
Imortalidade	不死
Labirinto	ラビリンス
Lenda	伝説
Mágico	魔法の
Monstro	モンスター
Mortal	モータル
Relâmpago	稲妻
Trovão	雷
Vingança	復讐

Moda
ファッション

Acessível	手頃な価格
Bordado	刺繍
Botões	ボタン
Boutique	ブティック
Caro	高価な
Confortável	快適
Elegante	エレガント
Estilo	スタイル
Medidas	測定
Minimalista	ミニマリスト
Moderno	モダン
Original	オリジナル
Prático	実用的
Renda	レース
Roupa	衣類
Tecido	生地
Tendência	トレンド
Textura	テクスチャ

Música
音楽

Álbum	アルバム
Balada	バラード
Cantar	歌う
Cantor	歌手
Clássico	クラシック
Coro	コーラス
Gravação	録音
Harmonia	調和
Improvisar	即興
Instrumento	楽器
Lírico	叙情的
Melodia	メロディー
Microfone	マイク
Musical	ミュージカル
Músico	音楽家
Ópera	オペラ
Poético	詩的
Ritmo	リズム
Tempo	テンポ
Vocal	ボーカル

Natureza
自然

Abelhas	蜂
Abrigo	シェルター
Animais	動物
Ártico	北極
Beleza	美しさ
Deserto	砂漠
Dinâmico	動的
Erosão	侵食
Floresta	森
Folhagem	葉
Geleira	氷河
Nevoeiro	霧
Nuvens	雲
Pacífico	平和
Rio	川
Santuário	サンクチュアリ
Selvagem	野生
Sereno	穏やか
Tropical	トロピカル
Vital	重要

Negócios
ビジネス

Carreira	経歴
Custo	費用
Desconto	割引
Dinheiro	お金
Economia	経済学
Empregado	従業員
Empregador	雇用者
Empresa	会社
Escritório	オフィス
Fábrica	工場
Finança	金融
Impostos	税金
Investimento	投資
Loja	店
Lucro	利益
Mercadoria	商品
Moeda	通貨
Orçamento	予算
Rendimento	所得
Venda	販売

Nutrição
栄養

Amargo	苦い
Apetite	食欲
Calorias	カロリー
Carboidratos	炭水化物
Comestível	食用
Dieta	ダイエット
Digestão	消化
Equilibrado	バランス
Fermentação	発酵
Líquidos	液体
Molho	ソース
Nutriente	栄養素
Peso	重さ
Proteínas	タンパク質
Qualidade	品質
Sabor	味
Saudável	元気
Saúde	健康
Toxina	毒素
Vitamina	ビタミン

Números
数字

Cinco	五
Decimal	小数
Dez	十
Dezesseis	十六
Dezessete	セブンティーン
Dezoito	十八
Dois	二
Doze	十二
Nove	九
Oito	八
Quatorze	十四
Quatro	四
Quinze	十五
Seis	六
Sete	セブン
Treze	十三
Três	三
Um	一
Vinte	二十
Zero	ゼロ

Oceano
海洋

Atum	ツナ
Baleia	鯨
Barco	ボート
Camarão	エビ
Caranguejo	カニ
Coral	コーラル
Enguia	うなぎ
Esponja	スポンジ
Golfinho	イルカ
Marés	潮汐
Medusa	クラゲ
Ondas	波
Ostra	カキ
Peixe	魚
Polvo	たこ
Recife	リーフ
Sal	塩
Tartaruga	カメ
Tempestade	嵐
Tubarão	鮫

Paisagens
風景

Cascata	滝
Caverna	洞窟
Colina	丘
Deserto	砂漠
Geleira	氷河
Golfo	湾
Iceberg	氷山
Ilha	島
Lago	湖
Mar	海
Montanha	山
Oásis	オアシス
Oceano	海洋
Pântano	沼
Península	半島
Praia	ビーチ
Rio	川
Tundra	ツンドラ
Vale	谷
Vulcão	火山

Países #1
国 #1

Alemanha	ドイツ
Brasil	ブラジル
Camboja	カンボジア
Canadá	カナダ
Egito	エジプト
Equador	エクアドル
Espanha	スペイン
Finlândia	フィンランド
Iraque	イラク
Israel	イスラエル
Itália	イタリア
Índia	インド
Mali	マリ
Marrocos	モロッコ
Nicarágua	ニカラグア
Noruega	ノルウェー
Panamá	パナマ
Polônia	ポーランド
Senegal	セネガル
Venezuela	ベネズエラ

Países #2
国 #2

Albânia	アルバニア
Dinamarca	デンマーク
França	フランス
Grécia	ギリシャ
Haiti	ハイチ
Indonésia	インドネシア
Irlanda	アイルランド
Jamaica	ジャマイカ
Japão	日本
Laos	ラオス
Líbano	レバノン
México	メキシコ
Nepal	ネパール
Nigéria	ナイジェリア
Paquistão	パキスタン
Rússia	ロシア
Síria	シリア
Somália	ソマリア
Ucrânia	ウクライナ
Uganda	ウガンダ

Pássaros
鳥類

Avestruz	ダチョウ
Águia	鷲
Canário	カナリア
Cegonha	コウノトリ
Cisne	白鳥
Corvo	カラス
Cuco	カッコウ
Flamingo	フラミンゴ
Frango	チキン
Gaivota	カモメ
Ganso	ガチョウ
Garça	サギ
Ovo	卵
Papagaio	オウム
Pardal	スズメ
Pato	アヒル
Pavão	孔雀
Pelicano	ペリカン
Pinguim	ペンギン
Tucano	オオハシ

Plantas
植物

Arbusto	ブッシュ
Árvore	木
Baga	ベリー
Bambu	竹
Botânica	植物学
Cacto	サボテン
Erva	ハーブ
Feijão	豆
Fertilizante	肥料
Flor	花
Flora	フローラ
Floresta	森
Folhagem	葉
Grama	草
Hera	蔦
Jardim	庭
Musgo	苔
Pétala	花弁
Raiz	根
Vegetação	植生

Profissões #1
職業 #1

Advogado	弁護士
Artista	アーティスト
Astrônomo	天文学者
Banqueiro	銀行家
Bombeiro	消防士
Caçador	ハンター
Cartógrafo	地図製作者
Cientista	科学者
Dançarino	踊り子
Editor	編集者
Embaixador	大使
Encanador	配管工
Enfermeira	看護婦
Geólogo	地質学者
Joalheiro	宝石商
Marinheiro	セーラー
Músico	音楽家
Pianista	ピアニスト
Psicólogo	心理学者
Veterinário	獣医

Profissões #2
職業 #2

Agricultor	農家
Astronauta	宇宙飛行士
Bibliotecário	司書
Biólogo	生物学者
Cirurgião	外科医
Dentista	歯医者
Engenheiro	エンジニア
Filósofo	哲学者
Fotógrafo	写真家
Ilustrador	イラストレーター
Inventor	発明者
Investigador	研究者
Jardineiro	庭師
Jornalista	ジャーナリスト
Linguista	言語学者
Médico	医師
Piloto	パイロット
Pintor	画家
Professor	先生
Zoólogo	動物学者

Química
化学

Alcalino	アルカリ性
Ácido	酸
Calor	熱
Carbono	炭素
Catalisador	触媒
Cloro	塩素
Elementos	要素
Elétron	電子
Enzima	酵素
Gás	ガス
Hidrogênio	水素
Íon	イオン
Líquido	液体
Molécula	分子
Nuclear	核
Orgânico	有機
Oxigénio	酸素
Peso	重さ
Sal	塩
Temperatura	温度

Restaurante # 2
レストラン #2

Almoço	ランチ
Aperitivo	前菜
Água	水
Bebida	飲料
Bolo	ケーキ
Cadeira	椅子
Colher	スプーン
Delicioso	美味しい
Especiarias	スパイス
Fruta	フルーツ
Garçom	ウェイター
Garfo	フォーク
Gelo	氷
Jantar	夕食
Legumes	野菜
Macarrão	麺
Peixe	魚
Sal	塩
Salada	サラダ
Sopa	スープ

Roupas
洋服

Avental	エプロン
Blusa	ブラウス
Calça	パンツ
Camisa	シャツ
Casaco	コート
Chapéu	帽子
Cinto	ベルト
Colar	ネックレス
Jaqueta	ジャケット
Jeans	ジーンズ
Luvas	手袋
Meias	靴下
Moda	ファッション
Pijama	パジャマ
Pulseira	ブレスレット
Saia	スカート
Sandálias	サンダル
Sapato	靴
Suéter	セーター
Vestido	ドレス

Saúde e Bem-Estar #1
ヘルス&ウェルネス #1

Altura	高さ
Ativo	アクティブ
Bactérias	細菌
Clínica	診療所
Doutor	医者
Farmácia	薬局
Fome	飢餓
Fratura	骨折
Hábito	習慣
Hormones	ホルモン
Medicina	薬
Músculos	筋肉
Nervos	神経
Ossos	骨
Pele	肌
Postura	姿勢
Reflexo	反射
Relaxamento	リラクゼーション
Terapia	治療
Vírus	ウイルス

Saúde e Bem-Estar #2
ヘルス&ウェルネス #2

Alergia	アレルギー
Anatomia	解剖学
Apetite	食欲
Caloria	カロリー
Corpo	体
Dieta	ダイエット
Digestão	消化
Doença	病気
Energia	エネルギー
Genética	遺伝学
Higiene	衛生
Hospital	病院
Humor	気分
Infecção	感染
Massagem	マッサージ
Peso	重さ
Recuperação	回復
Sangue	血
Saudável	元気
Vitamina	ビタミン

Tecnologia
テクノロジー

Arquivo	ファイル
Blog	ブログ
Bytes	バイト
Câmera	カメラ
Computador	コンピュータ
Cursor	カーソル
Dados	データ
Digital	デジタル
Estatísticas	統計
Fonte	フォント
Internet	インターネット
Mensagem	メッセージ
Navegador	ブラウザ
Pesquisa	研究
Segurança	安全
Software	ソフトウェア
Tela	画面
Virtual	仮想
Vírus	ウイルス

Tempo
時間

Agora	今
Ano	年
Antes	前
Anual	通年
Calendário	カレンダー
Década	十年
Dia	日
Futuro	未来
Hoje	今日
Hora	時間
Manhã	朝
Meio-Dia	昼
Mês	月
Minuto	分
Momento	一瞬
Noite	夜
Ontem	昨日
Relógio	時計
Semana	週
Século	世紀

Tipos de Cabelo
ヘアタイプ

Branco	白い
Brilhante	シャイニー
Cachos	カール
Careca	禿
Cinza	グレー
Colori	有色
Curto	短い
Encaracolado	カーリー
Fino	薄い
Grosso	厚い
Loiro	ブロンド
Marrom	茶色
Prata	銀
Preto	ブラック
Saudável	元気
Seco	ドライ
Suave	ソフト
Trançado	編組
Tranças	三つ編み

Universo
宇宙

Asteróide	小惑星
Astronomia	天文学
Astrônomo	天文学者
Atmosfera	雰囲気
Celestial	天体
Céu	空
Cósmico	コズミック
Equador	赤道
Galáxia	銀河
Hemisfério	半球
Horizonte	地平線
Latitude	緯度
Longitude	経度
Lua	月
Órbita	軌道
Solar	太陽
Solstício	至点
Telescópio	望遠鏡
Visível	目に見える
Zodíaco	ゾディアック

Vegetais
野菜

Abóbora	かぼちゃ
Aipo	セロリ
Alcachofra	アーティチョーク
Alho	ニンニク
Batata	じゃがいも
Beringela	茄子
Brócolis	ブロッコリー
Cebola	玉葱
Cenoura	にんじん
Chalota	エシャロット
Cogumelo	キノコ
Ervilha	エンドウ
Espinafre	ほうれん草
Gengibre	ショウガ
Nabo	カブ
Pepino	キュウリ
Rabanete	だいこん
Salada	サラダ
Salsa	パセリ
Tomate	トマト

Veículos
車両

Ambulância	救急車
Avião	飛行機
Balsa	フェリー
Barco	ボート
Bicicleta	自転車
Caminhão	トラック
Caravana	キャラバン
Carro	車
Foguete	ロケット
Helicóptero	ヘリコプター
Jangada	いかだ
Lambreta	スクーター
Metrô	地下鉄
Motor	モーター
Ônibus	バス
Pneus	タイヤ
Submarino	潜水艦
Táxi	タクシー
Transporte	シャトル
Trator	トラクター

Xadrez
チェス

Aprender	学ぶために
Branco	白い
Campeão	チャンピオン
Concurso	コンテスト
Desafios	課題
Diagonal	対角
Estratégia	戦略
Jogador	プレーヤー
Jogo	ゲーム
Oponente	相手
Passivo	パッシブ
Pontos	ポイント
Preto	ブラック
Rainha	女王
Regras	ルール
Rei	キング
Sacrifício	犠牲
Tempo	時間
Torneio	トーナメント

Parabéns

Conseguiu!

Esperamos que tenha gostado tanto deste livro como nós gostamos de o desenhar. Esforçamo-nos por criar livros da mais alta qualidade possível.
Esta edição foi concebida para proporcionar uma aprendizagem inteligente, de qualidade e divertida!

Gostou deste livro?

Um simples pedido

Estes livros existem graças às críticas que publica.
Pode ajudar-nos, deixando agora uma revisão?

Aqui está um pequeno link para
a sua página de revisão:

BestBooksActivity.com/Avaliacoes50

DESAFIO FINAL!

Desafio n° 1

Está pronto para o seu jogo grátis? Usamo-los a toda a hora, mas não são tão fáceis de encontrar - aqui estão os **Sinônimos**!
Escreva 5 palavras que encontrou nos puzzles (n° 21, n° 36, n° 76) e tente encontrar 2 sinónimos para cada palavra.

*Escreva 5 palavras de **Puzzle 21***

Palavras	Sinônimo 1	Sinônimo 2

*Escreva 5 palavras de **Puzzle 36***

Palavras	Sinônimo 1	Sinônimo 2

*Escreva 5 palavras de **Puzzle 76***

Palavras	Sinônimo 1	Sinônimo 2

Desafio n° 2

Agora que já aqueceu, escreva 5 palavras que encontrou nos Puzzles (n° 9, n° 17 e n° 25) e tente encontrar 2 antônimos para cada palavra. Quantos se podem encontrar em 20 minutos?

Escreva 5 palavras de ***Puzzle 9***

Palavras	Antônimo 1	Antônimo 2

Escreva 5 palavras de ***Puzzle 17***

Palavras	Antônimo 1	Antônimo 2

Escreva 5 palavras de ***Puzzle 25***

Palavras	Antônimo 1	Antônimo 2

Desafio n° 3

Óptimo! Este desafio final  não é nada para si.

Pronto para o desafio final? Escolha 10 palavras que tenha descoberto nos diferentes puzzles e escreva-as abaixo.

1.	6.
2.	7.
3.	8.
4.	9.
5.	10.

Agora escreva um texto a pensar numa pessoa, num animal ou num lugar de seu agrado.

Pode utilizar a última página deste livro como um rascunho.

A Sua Composição:

CADERNO DE NOTAS:

ATÉ BREVE!

A equipa Inteira

www.ingramcontent.com/pod-product-compliance
Lightning Source LLC
LaVergne TN
LVHW060322080526
838202LV00053B/4395
* 9 7 8 2 3 8 5 1 1 2 1 6 5 *